もう「BUYMA無在庫販売」で失敗する人を見たくない

髙橋雅 著

セルバ出版

はじめに

ノウハウコレクターだった過去、借金500万円突破！

僕がまだ若かった1990年代、20代の頃は、将来に不安を感じたことは一切なかったです。20代の今より素敵な30代になると思っていましたし、光り輝くような幸せな40代を夢見ていたのです。

しかし、現実は、辛うじて仕事はあり、役職も上がりましたが、収入はどんどん減っていきました。確かに、家族もできて、それなりに幸せではありましたが、お金も時間もなく、借金ばかりが膨らんでいったのです。

そんな当時の少ない年収を借金額が超えた辺りでようやく僕も目覚めました。このまま会社勤めを続けるだけでは、悪くなることはあってもよくなることなんてあり得ないと。

事実、これは後日談ですが、そんなことを感じ始めてから3年後には、当時勤めていた会社は倒産しています。

あのときに大きな失敗はしましたが、このままではダメだと、ほんの1歩踏み出したことで幸せな今があります。

そんな僕が、その当時、何か副業を始めてみたくていろいろな人のブログや書籍を読んでいる頃、憧れを抱きつつもどこか別次元のお話のように感じていました。

いろいろな副業系のコンテンツを、安ければいいと思って買い漁っては挑戦するも、何も結果が出ないいを繰り返します。

結局、稼ぎ続けることができたものは、ＢＵＹＭＡ無在庫販売だけでしたが、そんな僕の書籍でも、これから読んでいただける人には、僕と同じように別次元の出来事と感じてしまうのかもしれません。

そのようなことがないように、まずは少しだけ僕の昔話にお付合いください。

２０２０年10月

髙橋　雅

もう「ＢＵＹＭＡ無在庫販売」で失敗する人を見たくない―月商５００万円への最短距離　目次

第6章 「ブランド事典」～「BUYMA無在庫販売」における扱い方・特徴解説

序章　中卒、低スペックな中年が「BUYMA無在庫販売」に出会いわずか6か月で独立

・20代前半の若造に人生のピーク

お洒落をするならヤンキーになるしかなかった

今では考えられないような話ですが、僕の通っていた神奈川県横須賀市の中学校では、運動部の髪形はほぼ全部丸坊主でした。僕の記憶では、髪を伸ばしてもよかったのは卓球部だけです。それが何故かはわかりませんが、恐らく卓球は今のように有名な選手もなく、どちらか言うと文化部的な扱いだったようです。当時の僕は、身長が既に176センチほどあったので、流川君のようなサラサラヘアーでバスケットボールをやりたかったのですが、バスケ部も丸坊主でした。

普通なら、女子とは恥ずかしくて目も合わさないような年頃かもしれませんが、僕が小学5年生のときの担任の先生の教育方針で、既に女性に対する免疫はできていました。その教育方針というのは、必ず週に1度は班のメンバー全員で遊んで報告しなさいというものです。つまりは、同じ班の女性と週に1度は遊べというルールです。

そのお陰か、僕には小学5年生から付き合っている彼女がいました。今思えば顔から火が出るほど恥ずかしい内容の交換日記をしていたぐらいの純粋な関係でしたが…。そんなませた小学生の高学年時代を過ごしてからの中学生だった当時は、既に女の子の目ばかり気にしていた年頃の僕に運動部なんて選択肢は到底考えられませんでした。

それでも、中学1年生は、真面目な生徒で、運動部にも一切入らずに何とかサラサラヘアーを維持していたのですが、中2で同じクラスになった不良グループに目をつけられ、グループに入れられることになるのです。

今思えば、ヤンキーなんてお洒落なネーミングもない時代ですが、ビーバップハイスクールの影響で、不良が少しカッコイイなんて時代でもありました。ビーバップハイスクールの〝ボンタン狩り〟なんていうエピソードからもわかるように、僕の通う中学校でも不良グループ以外の人がお洒落をするなんてあり得ないことだったのです。

丸坊主かリーゼントなんて究極の選択を迫られ、僕はリーゼントを選択しました。サラサラヘアーでいたかっただけなのに今思えば笑える話です。そのまま高校に進学することもなく10代の頃は遊んだり、ガテン系の力仕事についたりして、地元で無駄に過ごしてしまうのです。その頃はそれで楽しかったですけどね…。

スーツ着て仕事がしたくて東京に！

若い頃は、作業服もどこかチームのユニフォームのように格好よく感じていましたが、周りの年配の作業員を見て、自分がそうなることの想像もできませんでした。だって、お洒落がしたくて不良グループに入ったのに、そんな風に歳を重ねていくなんて受け入れがたいことでした。

でも、学校もろくに行っていない僕に仕事なんてあるのか？　しかし、求人誌を見ていると、「学歴不問」の文字が大きく記載されていました。しかも、寮完備、食事付、タバコ1日1箱：（笑）。そんな好条件な仕事の募集が沢山あったのです。

それは、パチンコ店の募集でした。店長になった人の給与例とかも載せている募集がいくつもあり、それはとても魅力的な内容でした。中卒の僕でも頑張れば出世できるかもしれない！ 荷物を持って家を飛び出して、江戸川区のパチンコ店に面接に行きました。

キミのような人材を待っていた。きょうから働ける？

そんな感じで、面接はあっさりと決まり、そのままとても綺麗な1Rマンションに案内され、「きょうからここ使っていいよ」と言われ、そのパチンコ店でその日の遅番から働くことになりました。

TVやエアコン等の必要最低限の家電も完備、光熱・水道費も会社負担、食事は1日2食付、タバコ1日1箱、ジュースは休憩ごとに飲んでいいという嘘みたいな条件で、給料は手取り17万5，000円もありました。

丸々使える17万5，000円は、とても破格な給料だと当時20歳だった僕は大満足でしたが、他の従業員たちは安過ぎると言ってどんどん辞めていきました。

パチンコ業界は店長にさえなれば楽勝!!

そのパチンコ店は、リニューアルオープンして間もないタイミングのお店でしたが、そんな感じでどんどん先輩が辞めていき、1か月半後には役職以外の従業員では僕が一番古株になっていました。その時点で副班長という役職に昇格した僕は、入社から半年後には主任、そして1年半後には店長にまで出世してしまいました。僕を採用してくれた店長は、僕が務めて半年後ぐらいに奥様の実家のパチンコ店を継ぐとかという理由で辞めてしまったのでした。結果、主任だった僕が自動的に店長に昇格してしまいました。

当時は、江戸川区を中心に10店舗ほどあるそこその大手でしたが、20代前半の店長なんて僕だけでした。パチンコ店の店長は、それこそ何でも任されます。そして、朝、店を開け、夜、閉めて帰るのも店長です。1年300日以上は勤務ですし、当然、盆暮れ、正月なんて連休もありませんでした。

しかし、勤務の内容は非常に楽で、本社から毎朝かかってくる電話を対応すれば、後は1日自由でした。その間、店で漫画を読んでいても、TVを見ていても、事務所で寝ていても、怒られることはありません。時には、市場調査に行って来ると言って近隣のパチンコ店で閉店近くまでパチスロを打って遊んでいたこともあります。

また、月に数回、パチンコ&パチスロメーカーの新機種発表会、展示会とかもあります。それは上野のパチンコ村と呼ばれるパチンコメーカーのショールームや都内のホテル等で行われ、立食パーティー的なスタイルだったり、豪華景品が当たる抽選会があったりと至りに尽くせりのおもてなしです。そんな発表会の日は、ほとんど1日中遊んでいるような感覚でした。1990年代のパチンコ業界は本当によい時代でした。

20代前半の若造に突然訪れた人生のピーク!!

グループ店舗で一番若かった僕の快進撃はここから始まりました。当時は、今のように情報をネットで集めるなんて時代ではありません。そもそもネットなんてなかったですし、携帯電話もまだ普及しきっていない時代です。

情報は、自分の足で集めます。若かった僕は、月に4回ほどしかなかった休日に、江戸川区から新宿や池袋、上野にまで行って大好きだったパチスロを朝から晩まで打っていました。遅番の日でも、朝から行って昼過ぎまで打ってから仕事に行った日も何度もあります。

すると、江戸川区のお店では絶対にやっていないようなサービスをしていました。例えば、朝一モーニングといって、1回転でボーナスが発動するように予め店が仕込んでおきます。それ自体は珍しくないのですが、それがその店のパチスロ機全台に仕込んでいるという凄いお店が新宿にありました。他にもいろいろなイベントがありましたが、早速それらの都会のパチスロ営業のやり方をパクッて江戸川区の自分のお店でやってみると、当然、お客様も新宿にまで行くような人はほとんどいませんでしたから、度肝を抜いたようでした。1か月もしない内に噂が広まって、たった70台しかなかったパチスロ機に150人以上のお客様が毎朝並ぶようになりました。それも従業員よりも早くお客様が並ぶような状況でした。

20代の若造には多過ぎた報酬!!

そんな状況で、僕の担当店舗は右肩上がりに業績を上げていき、気がつけば粗利1，000万円なかったお店が5，000万円の粗利を叩き出す繁盛店になっていました。

2百数十台ほどしか設置台数がない比較的に小型の店舗です。当初、店長に昇格したときは35万円ほどの給料でしたが、最終的には100万円以上にもなっていました。しかし、貧乏な家庭で育った僕には高過ぎる報酬でした。

お金の使い方も知らない僕は、ブランド品の腕時計を買ったり、仕事ばかりなので乗る暇もあまりないのに高級車を買ったり、酒も飲めないのにキャバクラに通ったりして散財してしまいます。

そんな楽しい思い出しかないような20代でしたが、それは30代になって直ぐに終わりを迎えます。

・30代、40代は20代を懐かしむだけ

勢いだけで無駄に過ごした30代!!

20代のときにヤリ手の店長として少しだけ有名になった僕には、パチンコメーカーの担当者や業者さんを通して様々な企業からのオファーがありました。今思えば完全に調子に乗っていた僕は、「仕事は金じゃない」とか言って江戸川区のお店を辞めてしまいます。

確かに仕事としては行動範囲が広く、使える予算が多いほうが結果も出しやすいです。しかし、

完全に調子に乗っていた僕は、任せてもらえるなら多少条件が悪いほうが自分の力で業績を上げた気がして、そのような環境を選択するようになっていました。そして、気づけば、東京→横浜→奈良→大阪と、いつの間にか関西に来ていたのです。

関西に来てからの僕は、東京のやり方がまだ関西では珍しかったお陰で、思った以上の結果を出していきます。しかし、関西の経営者は、非常にケチで、あの頃のような高額な報酬を払ってくれる企業はありませんでした。次第に仕事に対する情熱も冷めていきました。

そんな感じで、冷めては会社を変え、店を転々としている内に、過去の栄光も消えていき、仕事のオファーも減っていきます。僕の周りにいた店長仲間は、次第に減っていきました。投資で成功して独立したとか、タクシーの運転手になるとか、ラーメン屋に修行に行くとか…。

それでも僕には、辛うじてパチンコ店の仕事があったのですが、当時はもう仕事もせずに店で携帯ゲームばかりする毎日でした。当時流行っていた携帯ゲームのポイントは、1億以上も保有して全国ランキングに名を連ねるほど朝から晩まで携帯ゲーム漬けの毎日でした。いつかあの20代の頃のように輝くときを夢見ていましたが、そんな夢に向かって何か具体的に行動もしていないのに叶うはずもありませんでした。

あの頃はよかったと懐かしむ毎日、気づけばスキルもやる気もない40代!!

朝から晩まで、1年300日以上も働いてきたと言っても、携帯ゲームして遊んでいたり、長い海外ドラマを全巻会社で見ていたような仕事内容でした。そんな僕に仕事としてのスキルなんて何もありませんし、中卒で勉強もできません。それでも小手先のテコ入れで店の業績もまだ上がるような時代には、役職も店長↓課長↓部長↓統括部長と上がっていきました。

しかし、給料だけはどんどん下がっていきます。この頃は、周りの同年代の店長時代の仲間はほとんど残っていませんでした。30代の頃は、そんな店長仲間と情報交換をしたり、オフ会をしたりと一定のモチベーションを保つ息抜きはできていましたが、40代になってからはそれもなく、モチベーションは下がり続け、あの頃はよかったと20代の頃を懐かしむだけの毎日でした。

２０１０年、２度目の結婚!!

そう思いつつも、パチンコ業界以外の仕事をしたことない僕にできることといえば、年に数回、宝くじを買って祈ることぐらいしかありません。事実、その頃の僕の一番の楽しみは、宝くじで1等賞が当たったらどうするか想像することでした。

どこかわからないが南の島に行ってのんびりしようとか、やはり土地付の家を購入してまずは安定を求めようとか、いやいや株か何かわからないが勉強して投資をすべきとか、どうせそんな経験がないことをして失敗をしてしまうなら、好きな物を買いまくろう等々、とにかく寝て見る夢のように妄想をすること自体を楽しんでいたのです。

そんな僕の若い頃は、身長186センチの体重65キロの超!瘦せ型だったのですが、40代のピーク時には95キロにもなっていました。

そんな僕も、自分のことではなかなか重い腰が上がらないままでいました。しかし、2度目の結婚で生まれた息子が3歳のときに花粉症になるのです。

超！　健康オタクの食費は超！　莫大!!

諦めかけた自分自身のことではなかなか動かなかった僕も、可愛い息子のこととなると話は違いました。もともと理屈っぽい僕は、病院の先生が言う、これを飲んどけば治るとか、これを塗っておけば楽になるとかという、いい加減な理屈を受け入れることができませんでした。根本的に花粉症の症状を解決したかったのです。

僕自身も、この少し前に高血圧と診断され、何でそうなったかはわからないが、これを飲めと薬をどっさりと処方されていました。そんなことで根本的な解決にはならないと感じた僕は、直ぐに情報をネットで集め、〝食〟から見直すことになるのです。

しかし、当時の年収は５００万円ほどに急降下していましたから大変です。超！　健康オタクの食費を賄うには、あまりにも乏しい軍資金でした。

例えば、スーパーなら1キロ１００円ぐらいで売っている調味料でも、無添加な質のよいものにするとAmazonで購入しても35倍以上します。おやつもお菓子なんて食べさせません。そのため、お菓子なら数百円で済むおやつ代もフルーツで代用すると1日1，０００円以上になってしまいます。

この頃から、少しずつ副業的なことに興味を持ち始めるのですが、この書籍の冒頭でも述べましたように、成功者の書いた文章は、どこか別次元の物語を読んでいるようで、憧れつつも全く理解できず、またどこか胡散臭いと思ってしまって、素直に受け入れることができていなかったのです。

起死回生で挑んだビジネスで撃沈、借金５００万円 over !!

ある詐欺みたいな移動販売のフランチャイズチェーン（以下FC）に加盟してしまったのです。既に完成されたビジネスモデルなら安心だと思って加盟してしまったのですが、これがとんでもない間違いでした。

細かい説明は、BUYMAの書籍なので省きますが、今でも毎月リース料を支払い続けているぐらいの大負債となりました。月に7万円ほどの支払いなんて今では苦でもないので、そのまま払い続けていますが、当時は僕のような楽観主義者でなければ首を吊っていたかもしれません。

・Amazonせどりとの出会い

ネットビジネスとネットワークビジネスの違いもわからない情報弱者!!

何を見てそう思ったのか？　これからはネットビジネスの時代なのだと言ってネットワークビジ

ネスのセミナーに行ってしまうほどの情報弱者でした。

そんな僕でもイメージができたのが、物販系のビジネス、いわゆる「せどり」でした。このAmazonせどりとの出会いが、その後の僕の人生を大きく変えていくのですが、このとき、2017年3月頃の僕は、まだそんなことを知る由もありませんでした。

いくつか読み漁っていたブログの記事に、コンサルティング費用が15万円だということが書いてありました。しかも、結果が出なければ返金すると書いてあります。今思えばそれこそ怪しい話なのですが、15万円と安いこともあって挑戦してみました。

だって、稼ぐためのノウハウをすべて公開しているのに、条件が揃えば返金するなんて一見よい条件のように思えますが、逆に言えば、それだけ稼ぐためのノウハウとしては薄っぺらな内容だということです。「○○なら返金します」は、情報弱者を狙った罠でしかありませんので本当に気をつけてくださいね！


来る日も来る日もリサーチ、仕入、納品作業!!

Amazonせどりの仕組みは、思っていた以上に単純ではありましたが、その作業はとても大変でした。副業でやるにはかなり厳しい作業量です。それでも開始4か月ほどで月商100万円台となり、利益は計算上では20万円ほどになりました。しかし、この作業をやり続けることが、僕にはどうしても無理に思えました。もっと効率よく稼げるビジネスモデルは他にないのか？ Amazonせどりに挑戦してみて一番よかったところは、成功者が書いている別次元の物語のように感じていた記事がリアルに感じることができるようになったことでした。

　また、どこか胡散臭いと思っていたような内容でも、挑戦すれば何とかなるとイメージもできるようになりました。コンテンツの内容も確かなものなのか、それとも薄っぺらな内容なのかも、このときにはある程度は判断できるようになっていたのです。行動したことで、小さな失敗を何度もしましたが、結果的にそれは次への布石となり、成功へと繋がっています。失敗と成功は同じ方向にあるのです。

僕をBUYMAに引き寄せた意外な言葉

　30代の頃に、当時の店長仲間の1人が輸入系のビジネスで成功して独立したという話を聞いたことがありました。Amazonせどりの作業に疲れ果てていた僕は、藁をも縋る気持ちで輸入系ビジネスのブログランキングを眺めていて、次の言葉に運命の出会いをしてしまったのです。「アナタは3か月後に辞表を出す」、そのブログにはそう書かれていました。

　東京に出てからずっとパチンコ業界で働いてきた僕は、連休なんて皆無でしたし、海外旅行に行こうものなら会社を辞めるしかありませんでした。年に数回、ジャンボ宝くじを10枚だけ購入していつしか独立を夢見てきました。

　そんな僕が、この言葉に出会い、一目惚れしてしまったのです。

もう正確に何の記事を書いたブログかも知らずに、気づけばお問合せフォームに僕も辞表を出したいとメールを送っていました。

このブログの執筆者が、後のＢＵＹＭＡの師匠となるのですが、結果として3か月後に辞表は出せませんでしたが、このときから6か月後には長年の夢であった独立が果たせたのです。

そんな僕がハッキリと言えることは、ＢＵＹＭＡより簡単にビジネス初心者が結果を出せる環境は他には存在しません。その理由は、ＢＵＹＭＡがどこよりも出品者に有利なルールを提供してくれているからです。

今では、Amazon、楽天、ヤフー、メルカリ等々をはじめ、様々な物販系のプラットフォームが存在します。

しかし、ＢＵＹＭＡ以外のプラットフォームで無在庫販売をやっていることが発覚すれば、直ちにアカウントが停止になるリスクがあります。

アカウントが停止になれば、その時点の売上が凍結となり、ホールドされてしまったり、中には多額な違約金を請求されることもあるようです。

ＢＵＹＭＡでは、無在庫販売でアカウントが停止になる心配は一切ありませんし、万が一アカウントが停止になるような事態になっても、売上をホールドされてしまうこともありません。

どのプラットフォームが、令和の時代の今から始める初心者に向いているかは、改めて説明するまでもありませんよね。

第1章

令和の今、副業を始めるなら「BUYMA無在庫販売」一択

・なぜBUYMA無在庫販売が一番「稼げる」のか?!

僕ができるのだから誰でもできる

これから副業を始める人、まだ副業で稼げていない人、他の副業で稼いでいてさらに収入源を増やしたい人、妊娠、子育て中で完全在宅にて大きな収入源が欲しいという人にも、僕はBUYMA無在庫販売ビジネスを自信持って強くおすすめすることでしょう！　自分の子どもがやりたいと言えば喜んで一緒にやります。

こんな僕のような低スペックでアナログ世代、何のスキルもない中年でもわずか6か月で人生を変えることができました。それにはちゃんとした理由があるのです。その確かな理由をこれから1つずつ詳細に解説していきます。これを読んだ皆さんにも自分ができない理由なんてないのだとご理解いただけるかと思います。

・【唯一無二】驚愕のBUYMA無在庫販売のルール!!

物販ビジネスとしては夢のような環境

BUYMAとは、ファッションアイテムに特化したソーシャルショッピングサイトです。〝世界を買える〟というキャッチフレーズのとおり、日本にいながら世界中のアイテムを購入できることで、若い人を中心に、また今では日本だけでなく世界中にその市場を広げていっています。

　そのＢＵＹＭＡの一番の特徴と言えば、無在庫販売が公式に認められている点ではないでしょうか。これは、どのプラットフォームにもない唯一無二の特徴です。物販ビジネスで、無在庫販売がＯＫなんて凄いことだと思いませんか？

　例えば、ＢＵＹＭＡで扱うようなハイブランド品の高額商品を、仮に在庫を抱えなくてはいけない通常の物販ルールだとしたら、アナタは何商品を自分のアカウントに出品することができるでしょうか？

　そもそもそんなリスクの高いビジネスが気になって、この書籍を手にすることもなかったと思います。しかし、ＢＵＹＭＡでは、個人名義のアカウントでも５０００品ものブランドの高額商品を無在庫販売、完全ノーリスクで自分のアカウントに出品することができます。これは、例えば、大きな借金を抱えて東京の一等地にブランドショップを開くなんて大それたことよりも、ずっと可能性が無限に広がる環境だと思います。


ＢＵＹＭＡではお客様都合による返品やキャンセルができない!!

　仮にＢＵＹＭＡで僕が主に扱うようなハイブランドの数十万円もする高額商品が、例えばAmazonのように30日以内なら返品ＯＫというルールだったらいかがでしょうか？　いくら無在庫販売が公式に認められていても、それではリスクが高過ぎます。Amazonのようにすり替え詐欺なんて確実に横行してしまいます。スーパーコピー商品とすり替えられてしまえば、素人には簡単には判断できませんし、判断できたとしても後の祭りとなる可能性は非常に高いです。

しかし、BUYMAでは、原則的にお客様の都合で返品、キャンセルができないルールとなっています。これならば、返品時にすり替えられるなんてリスクは一切発生しません。まさに完全無欠のノーリスク状態の完成です。

※出品者側の判断で返品を承ることは可能です。

BUYMA規約に基づき関税はお客様負担!!

よくBUYMAの出品ページには、このような一文が明記されていることが多いです。BUYMAで扱うようなハイブランド品は、革製品等、商品カテゴリーによってはとても高額な関税となることもあります。しかし、BUYMAの規約にはこう明記されています。

原則として、海外から品物を輸入した場合、関税は「輸入者（受取人）」が支払うこととなります。これは一見、わかり辛い説明ですが、BUYMAの出品ページには、どの国で購入してどの国から発送するか明記されていますので、それがフランスであればお客様が輸入者（受取人）となるわけですから、関税はお客様負担となるわけです。

※もちろん、出品者側で関税負担とか関税込みとして出品している商品に関しては、この限りでは

ありません。

・BUYMAのプラットフォームとしての特徴!!

BUYMAの販売手数料が非常に安い秘密

規約だけでもこれだけ出品者に有利となっているのですが、他にもBUYMAには次のような特徴があります。

まず、販売手数料の安さです。BUYMAでは、出品（出店）することに費用がかからないにもかかわらず、販売手数料が非常に安く設定されています。例えば、BUYMA以外の物販系プラットフォームでは10〜15％ほどの販売手数料がかかるのに対して、BUYMAでは5・5〜7・7％（税込み）となっています。これは、高価格帯の商品を扱う出品者側としては非常に有難い特徴です。

BUYMAでは、購入者側も手数料が取られる仕組みとなっており、その仕組みはお客様にも広く認知されています。出品者、ご購入者様と双方から手数料が取れるわけですから、出品者側の手数料が安い理由も納得です。

BUYMAユーザーの質の高さ!!

当然、これはBUYMAで扱うブランドにもよるのですが、僕がBUYMAで扱うヨーロッパのハイブランドでは、時に驚くようなハイエンド層の方がいらっしゃいます。

ＢＵＹＭＡでは、正真正銘の本物、新品であることが完全に浸透しつつあり、メルカリやヤフオクを利用するユーザーとは明らかに異なる層の方が利用しています。

それは、出品者としてはとても有難いことで、ビジネスを展開する上でとても有利となることが多くあります。例えば、過去には「いくらでも出す」、「多少高くても」、それでも欲しいから探してなんて依頼されることもありました。ご挨拶代わりに「値引して」なんて依頼はほとんどありません。こんな上質なお客様が集うのは、ＢＵＹＭＡの仕組みならではの特徴ではないでしょうか？

・ブランド品という揺るぎない価値!!

ルイヴィトンの売上は右肩上がり

僕がＢＵＹＭＡで扱う主なブランドは、ルイヴィトン、シャネル、エルメスになりますが、特にルイヴィトンは毎年右肩上がりに売上高を更新していますし、ＢＵＹＭＡでも取扱高が一番多く、日本でも大人気のブランドです。今では、４人に１人は何らかのルイヴィトンの製品を持っているというほど、日本ではお馴染みのハイブランドです。今さらその価値が揺らぐことなんてあり得ないことですし、年々、さらに販売数が伸びている印象です。

また、この３大ブランドは、原則的には『直営店』でしか扱いがないので、この辺のアドバンテージも後ほど詳しく解説していきます。

令和の時代にＢＵＹＭＡで無在庫販売を始めるならば、迷うことなくハイブランド商品から扱うようにしてください。ハイブランド商品を販売した実績を積み上げていくことが非常に重要なのです。このことについても、後ほど詳しく解説していきます。

・転売ビジネスにおける儲けは「利幅」×「取引回数」!!

低単価ビジネスは副業向きではない

僕がAmazonせどりで月商１００万円以上販売していたときの利益は20万円ほどでしたが、１つ数千円のシャンプーを販売して、１つ５００円ほどの利益を出していました。これは、単純に計算しても、およそ４００個のシャンプーを販売している勘定です。

この４００個のシャンプーを販売するのにかける労力は、副業でやるにはかなりハードルが高い重労働でした。Amazonは、倉庫に納品すれば売れたら自動で発送はしてくれますが、それまでのプロセスが意外と大変なのです。休憩時間を削ってペタペタとラベルを1人貼り続ける日々、出勤前に郵便局に重たい段ボールを運んで納品、そんな自分のリピート商品に他の出品者がどんどん増えてくるプレッシャー、そしてまた、このような利益商品を探し続けるリサーチ漬けの孤独な毎日……。考えただけでも2度とAmazonせどりをやりたいとは僕は思いません。

ＢＵＹＭＡでは１つの商品で純利益20万円 over もある!!

もちろん、取引のすべてがそんな凄い利益ということではありませんが、ＢＵＹＭＡでは、1商品で数万円の利益が当たり前ですし、時に10万円、20万円を超える凄い案件が入ることも珍しくありません。しかも、その利益を上げるためにする作業は、今ではメールを送るだけで完結してしまいます。

ただし、それは、正しい手法で攻めてこその結果ですので、その正しい手法をこれから少しずつ詳しく解説していきます。Amazon せどり時代に４００個販売して稼いでいた利益を、メールを送るだけでわずか1つ販売して稼いでしまうことがあるなんて、ＢＵＹＭＡ無在庫販売以外には考えられないことです。

・そもそも何でＢＵＹＭＡだけがこんなに出品者側に有利なの？

ＢＵＹＭＡが目指す価値観

どこかに、「ＢＵＹＭＡでは、出品者が在庫のリスクなく出品できるから、世界中のいろいろなアイテムが揃っている」と書いてあるのを見たことがあります。つまり、ＢＵＹＭＡが目指している方向性、価値観が、Amazon 等とはまるで異なるのだと思います。

それならば、リサーチばかりして、人の出品商品の真似ばかりしていては、ＢＵＹＭＡが目指すいろいろなアイテムが揃うという方向性、価値観にはそぐいません。リサーチが一切不要なことは後ほど詳しく解説していきますが、もっと自由な発想で無在庫販売を楽しむことが、ＢＵＹＭＡの目指す方向性、価値観に合っていると僕は強く感じております。折角、ＢＵＹＭＡが用意してくれた素晴らしい環境を、皆で保持していきませんか？

例えばですが、原付がヘルメットを被らなくてもよい時代もありましたし、シートベルトを着用しなくてもいいときもありました。携帯電話を運転中に使用してはいけなくなり、後部座席までシートベルトが義務化されたのは記憶に新しいところです。要するに、１人ひとりのマナー等が悪くなれば、環境は自ずと厳しくなるのです。

僕がＢＵＹＭＡ無在庫販売を開始してからも、何度かルールの改正がありました。しかし、現段階においても、ＢＵＹＭＡより出品者側が有利にビジネスを展開できる環境は他に存在しません。ＢＵＹＭＡ無在庫販売を正しく理解して、今の環境を少しでも守っていけるようにしていきましょう！

・こんなに出品者に有利なＢＵＹＭＡで稼げていない人がいるのは何で?!

ＢＵＹＭＡコンサルタント達が本当に言ってほしくない内緒の話

さて、そろそろ本題に入っていきましょう！　これからお話する内容は、他では絶対に聞けないようなＢＵＹＭＡ経験者だからこそ知る「裏情報」ともいうべき特別なお話です。

ここまでの内容において、ＢＵＹＭＡで大成功を果たした僕が特別な人間ではないこと、むしろ低スペックな人間ですが、優れたＢＵＹＭＡの仕組みのお陰で稼げるようになったことは十分にご理解いただけたかと思います。

でも、実際に聞く話では、そんなＢＵＹＭＡでも稼げていない人が沢山いるとか…。それは一体どうしてなのか？　この辺の疑問について、まずは詳しく解説していきます。

・ＢＵＹＭＡ無在庫販売の様々な手法

ハイブランドの商品を仕入れるための2通りの手法

薄利多売、最安値、オンライン買付、ＶＩＰ買付、直営店買付、国内買付、海外買付、直営店ＶＡＴ免除直送、高値売り等々…。ネットで少し検索しても様々なノウハウが見られます。僕自身は、〝直営店買付の高値売りバイヤー〟です。

そんなＢＵＹＭＡ無在庫販売で、ハイブランド品の仕入先を大きく分けると、直営店とセレクトショップの2通りになります。

◆直営店

言わずと知れたブランド直営のブティックです。原則的に、割引等は一切ないブランドが多いですが、全世界のあらゆる国々に展開しており、在庫量は豊富です。

僕は、ＢＵＹＭＡで無在庫販売をするなら在庫量が多い直営店買付を強くおすすめしています。

また、一部のブランドにおいては、現地間接税を免税してもらう裏ワザ的な手法も存在します。

この辺のノウハウについても、後ほど詳しく解説させていただきます。

◆セレクトショップ

VIP割引等を利用して、現地の定価よりも安く(約10～40％OFFほど?)購入することが可能です。

VIPというと取引を重ねた上級者のバイヤーさんにしかいただけない特別な条件のように思えますが、最初からVIP割引やクーポン等を発行してもらうことができます。

しかし、アイテムの在庫量が非常に少なく、無在庫販売には向いていません。

多くのＢＵＹＭＡ出品者たちがリサーチ漬けになるのは、〝この在庫量が非常に少ないセレクトショップから仕入〟をしているからです。

また、店や対応するスタッフによっては条件が変わり、取引状況に応じても割引率が異なることも多いそうです。さらに、リサーチで見つけた売れ筋商品や逆にライバルの少ない商品を見つけたとしても、そこから自分のアカウントに出品して受注が確定したときに在庫が残っている保証は一切ありません。

ＶＩＰ買付は決して悪い手法ではないのですが、在庫量が少な過ぎるので、資金力のある上級者バイヤーさん向けのノウハウです。

卸なんて案件が仮にあっても無視しましょう!!

たまに怪しい「卸」なんて情報も耳にしますが、ブランド品を仕入れるなら前述の2通りしかないと思ったほうが無難です。

まともな卸でも、結局は直営ブティックかセレクトショップから仕入れているので、自分で現地直営ブティックから購入したほうが安いですし、仮に定価よりも安い案件なら、正規品なのか非常に怪しいものです。

10万点の在庫があるとかいう謳い文句を見かけることがありますが、そんな正規品の在庫を仮に抱えているとしたら、どれだけの資金が必要だったのか？　それが仮に正規品、本物だとしても売残り商品の山なのかもしれませんので、どちらにしても要りません。そんな売残り商品は、ＢＵＹＭＡで売れるとは思えませんし、現地正規店でブランド物は仕入れるようにしてください。

※あくまでも僕個人の感想です。

抜群の再現性を誇る直営店買付、高値売り!!

まず結論から申し上げますと、僕みたいな低スペックなオジサンがＢＵＹＭＡ無在庫販売で大成功できたのは、ＢＵＹＭＡの出品者寄りで完全ノーリスクな環境と直営店買付、高値売りという抜群の再現性を誇るノウハウのお陰です。

つい最近までの話ですが、僕は、ＢＵＹＭＡで稼ぐ人は全員がこの手法で稼いでいると思っていました。しかし、自分で高値売りコンサルティングとかもやってみようと思い、他の人のメルマガやブログを読んでいて違和感を覚えるようになったのです。リサーチが重要？　ＶＩＰ交渉？　頭の中がハテナだらけになってしまいましたので、ＢＵＹＭＡのセミナーとかも参加してみました。すると僕が実践している直営店買付とはまるで違うことがわかりました。しかも、他の人が実践しているセレクトショップから仕入れるＢＵＹＭＡ無在庫販売の手法は、経験者の僕には非常に難しいことが直ぐにわかりました。

僕以外の多くのＢＵＹＭＡ無在庫販売コンサルタントが教えるオンライン買付やＶＩＰ買付等のセレクトショップを仕入先としたノウハウが、どうしてＢＵＹＭＡ無在庫販売の経験者である僕でも再現が難しいと感じたのか？　この後、詳しく解説していきます。

ハイブランド商品を無在庫販売で扱うなら〝在庫量〟が超重要！　です!!

ハイブランド品の価値とは、１つは「希少性」です。市場に出回り過ぎないように、徹底した流通量の管理がされています。10の需要に対して10の供給をしてしまえば、一時的に売上が伸びたとしても、それでは長い目で見ればブランド価値が下がってしまうのです。

つまり、もともとの在庫量が限られているわけですから、ブランド直営店より在庫の豊富な仕入先は存在しません。特に、一番ランクの高いラグジュアリーブランドになると、原則的には直営店でしか取扱がないのです。セレクトショップに在庫があるブランドでも、直営店よりも在庫量が多いなんてことはあり得ません。稀に直営店が完売後にセレクトショップで在庫が見つかることもありますが、そんな例外にフォーカスしても無意味です。

では、もともとの在庫量が少ないハイブランド品をBUYMAで無在庫販売において扱うには、直営店、セレクトショップのどちらが向いているのか？　これは、もう説明するまでもありませんよね！

BUYMAでは、無在庫販売が公式に認められているわけですが、無在庫販売でしか出品できないわけではありません。

例えば、芸能人がTVで身につけていたとか、インスタグラムで紹介していたなんて超人気アイテム！　がセレクトショップでVIP割で買付できるとしたらどうでしょうか？　無在庫販売で出品してから売れるまで仕入れないなんて逆に不効率ですよね？　トレンドに敏感で資金力のある上位のバイヤーさんに先に仕入れられてしまいますから、BUYMA初心者の入り込むスキなんてほとんどありません。どれだけ人気アイテムを高度なリサーチを駆使して見つけても、それが自分のBUYMAアカウントで販売できるかは別問題なのです。

それならば、定価より安く仕入れることができなくても、豊富な直営店の在庫を背景に無在庫販売をしたほうが初心者にもビジネスチャンスが多いことは明白です。でも、定価で仕入れてBUYMAで売れるの？　もちろん、売れるのですが、当然、正しい販売方法を身につけないと売れるようにはなりません。

そこで、高値売りノウハウということです。その高値売りノウハウを詳しく解説していきます。

・高値売りの定義とは

高く買って高く売るのが一番初心者向きである根拠！

高値売りの定義についても、人によって異なるようです。

例えば、〇〇万円以上の商品を販売したら高値売りとか、〇万円以上の利益を上げたら高値売り？利益率〇〇％以上で高値売り等々、本当にいろいろな定義があります。

ここで、僕の高値売りをハッキリと定義しておきますが、「定価で仕入れてＢＵＹＭＡでもっと高く売る」――つまり、高く仕入れてもっともっと高い価格でＢＵＹＭＡ無在庫販売で販売するということです。

例えば、国内直営店で５万円で販売している商品があったとします。その公式販売価格５万円の商品をＢＵＹＭＡで７万円、８万円以上で販売しようということです。

利益率は、最低でも15％は欲しいですね！　それでも本当にＢＵＹＭＡで販売することができるのか？

結論から言わせていただくと、もちろん、ＹＥＳなのですが、本書ではそのＢＵＹＭＡ無在庫販売の中でも断トツの再現性を誇る高値売りについて、具体的なその手法を順を追って解説していきます。

この令和の時代にBUYMA無在庫販売に参戦する人、まだBUYMA無在庫販売で稼ぐことができていない人には、この「直営店買付、高値売り」一択しかありません。

セレクトショップでVIP割引等を利用して仕入れた商品を数十万円で販売して数万円、場合によっては10万円以上の利益を出したとしても、それは高値売りではありません。

重要なことなので繰返しになりますが、直営店で高い定価のまま仕入れて、BUYMAでもっともっと高く販売することができるノウハウが高値売りなのです。

それは、直営店という豊富な在庫量を背景にして、BUYMAで無在庫販売を展開するために重要な本質ですので、間違わないようにしてください。

そして、ブランド物の特性を考えれば、直営店買付でなければBUYMAで無在庫販売を展開するなんていかに狭き門になってしまうのかがご理解いただけるかと思います。

本書では、そんなBUYMA無在庫販売のノウハウだけでなく、ブランド物を扱う上で最低限知っておきたい豆知識や他のBUYMAコンサルタントが絶対に教えてくれない部分の知識をより詳しく身につけていただくために執筆しています。

いずれにしても、BUYMA無在庫販売で失敗しない第一のポイントは、〝在庫量〟が比較的豊富な直営店で買い付けるノウハウを身につけることです。

第2章　令和のＢＵＹＭＡ戦略　リスク0、元手0から始める「ＢＵＹＭＡ無在庫販売」基礎講座

・素敵なアカウント開設が必須!!

ハイブランドの商品はどれが売れるのか？　それが重要ではない！

例えば、近所のスーパーに、大特価とか書かれてハイブランド品が売られていたら売れるでしょうか？　もちろん、正規品で証明書も付属されています。当然、売れないと僕は思いますが、それが高額なハイブランド商品の売り方ではないということなのです。

それは、ＢＵＹＭＡのアカウントでも同じことが言えます。ＢＵＹＭＡでハイブランド品を無在庫販売で扱うのならば、高級品を扱うに相応しい世界観をアカウントに反映させる必要があります。

例えば、日本でハイブランドの直営ブティックがどのような場所に出店しているでしょうか？銀座、新宿、六本木、赤坂、大阪梅田、難波と一等地ばかりです。また、百貨店の中に出店しているとしても、1Ｆの入口の角の一番よい場所に位置するテナントに入っているブランドを見てみてください。ほとんどの場合がルイヴィトンやシャネル等ではないでしょうか？　そして、その直営ブティックのお洒落でハイセンスな世界観は度肝を抜かされることが多いです。

もちろん、それは、ＢＵＹＭＡで無在庫販売をやるとしても同じようなことが言えるのです。ＢＵＹＭＡに出店するのは、ハイブランドの正規品を取り扱うアカウントとして相応しい世界観を構築する必要があります。世界観だけでなく、立地条件を具体的に解説すると、ＢＵＹＭＡの中で何ページ目に掲載されるのか？　ここも見逃せない重要なポイントとなります。

ＢＵＹＭＡでお買い物を楽しむハイエンド層の方は、大変お目が高い人が多いです。その人たちに認められるようなアカウントの構築の手法を順に詳しく解説していきます。ハイブランドの商品は、どれが売れるか？　ではなく、誰から買うのか？　ここが非常に重要なポイントなので覚えておきましょう！

●【手順１】準備するもの

パソコン＆インターネット環境

スマホ、タブレットでも対応ができますが、最初はクオリティの高い画像等を編集したりするのでパソコンは必要です。ネットビジネスで稼いでいくわけですから、最低でもこの２つは用意してください。

特に、ストレスなく作業ができるように、できる限りハイスペックなものを用意することをおすすめします。ちなみに、僕は、最初の1年間は5万円のパソコンでＢＵＹＭＡをやっていましたが、画像編集ソフトを起動させるのに時間がかかり過ぎて、待っている間にシャワーを浴びてくるぐらいでした。電源を起動したり、終いにはエクセルを開くだけでも数分も待たなくてはいけない状況に流石にストレスが溜まるので、今では一番高いノートパソコンを近くの家電量販店で購入して使っています。ヒューレットパッカードで24万円ぐらいしました。

ネットビジネスで人生を変えたいと思っているなら、少しでもスペックのよいパソコンを用意しましょう！

メールアドレス

ＢＵＹＭＡからの要請を見逃さないように、スマホでもパソコンでも受信できるメールアドレスで登録をしてください。ＢＵＹＭＡからの要請をつい見逃してしまい、ペナルティーを課せられた人もいると聞いています。

また、お客様からのお問合せも、迅速、丁寧な対応が鉄則になります。ヤフーメールやGmailで大丈夫なので、スマホにもアプリをダウンロードしておくことで素早い対応が取れるように準備をしておきましょう！

銀行口座

おすすめは、ＢＵＹＭＡからの振込手数料が一番安い楽天銀行です。

原則的には、アカウントに登録する人と同じ名義の口座が必要になります。

楽天銀行の場合は、ＢＵＹＭＡからの振込手数料が２１０円ですが、他行ですと３００円以上かかります。楽天銀行の口座も無料で開設できて、オンラインでお申込みもできます。

https://www.rakuten-bank.co.jp/

クレジットカード

ＢＵＹＭＡが公式に無在庫販売が認められているとはいえ物販ビジネスです。資金０で始めるなら、当然クレジットカードが必要になります。

海外で使用するので、VISA、マスター、アメックスでつくっておきましょう！　特に、現地の直営店買付となると、直接自分のカードでの決済は原則的にはできないので、ある手法を使います。

僕が普段、使用している現地買付にオススメのクレジットカードは、読者様特典の受取先である公式LINEのほうに「クレカ紹介希望」と連絡くれればご紹介させていただきます。

※現地買付でクレジットカード決済によって買付を行う裏ワザを知らないＢＵＹＭＡコンサルタントも多くいるようなので、後ほど詳しく解説させていただきます。

他にもこれがあると便利

・GIMP（無料の画像編集ソフト）※Mac版あり。
　https://forest.watch.impress.co.jp/library/software/gimp/
・スクリーンプレッソ（スクリーンショットを撮るソフト）※Macは必要なし。
　https://www.screenpresso.com/ja/
・Zoom（現地や外注さんとの無料通話等に使用）
　https://zoom.us/jp-jp/meetings.html

・チャットワーク（現地買付パートナー様は使用している人が多い）
https://go.chatwork.com/ja/
・ペイパル（海外買付でカード決済したい場合に使用）
https://www.paypal.com/jp/webapps/mpp/merchant
※ビジネスアカウントにしておきましょう！
・トランスファーワイズ（海外送金に使用）
https://transferwise.com/invite/u/masashit4

●【手順2】素敵なショッパー名（ＢＵＹＭＡニックネーム）を考える！

コンセプト設計が超重要！

ＢＵＹＭＡでハイブランド品を扱う人には、最初の段階では特に重要なポイントになるので、しっかりとこのロジックを身につけておきましょう！

ショッパー名は、１度登録してしまうと、退会してからでないと変更することができません。よく失敗しがちなのは、まだ出品者として登録する前に購入者として登録済みの人です。このときは、このＢＵＹＭＡニックネームということになるのですが、このままで出品者登録をしてしまうと、このニックネームがショッパー名として引き継がれてしまいます。

購入者のときは、ご自身や家族のあだ名で「〇〇ちゃん」とかいう感じで登録している人が多いです。まさか「○○ちゃん」と、そのままのニックネームでハイブランド品をＢＵＹＭＡで販売しても売れるアカウントに育つとは思えませんよね。まさに、近所のスーパーでハイブランド品を売ろうとするようなものです。たまにあだ名感が丸出しのパーソナルショッパーさんを見かけますが、こういった失敗をしているのだと思います。

まだ販売者として実績がない、もしくは販売実績が少ない場合は、１度退会してから再度ＢＵＹＭＡ登録して、素敵なショッパー名を考えましょう！

コンセプトから考えていくと、よりアカウントの訴求力が増すので、コンセプトも文章に落とし込んでみて、具体的に表現してみてください。

●【手順３】アカウントの開設方法

個人の趣味趣向をアピールするのではない

それでは、この段階で一番重要なショッパー名（ＢＵＹＭＡニックネーム）が決まったならば、早速ＢＵＹＭＡに会員登録（無料）をしてみましょう！

会員登録ボタンはＢＵＹＭＡのTOPページの一番上にあります。ここからは、流れに沿って進めていただく感じでＯＫです。会員登録後にパーソナルショッパーを登録します。まずは自分のショッパー名（一番上の黒く塗り潰してる場所）をクリック！（図表１参照）

ここからも、流れに沿ってプロフィールの登録をしていきますが、ここからは、自分個人の趣味

【図表1　アカウントの開設】

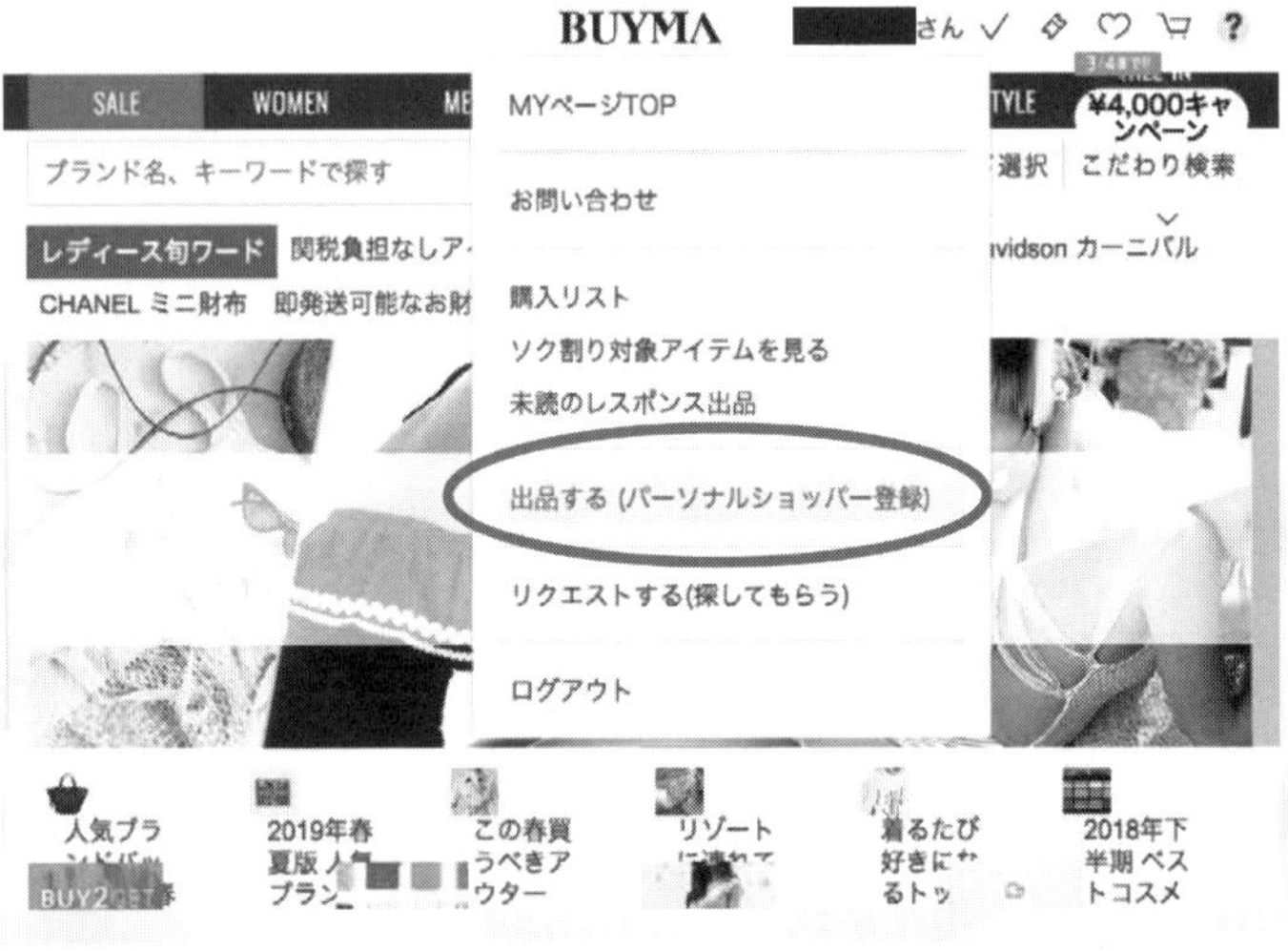

趣向をアピールするわけではありません！　BUYMAでハイブランド品を扱うバイヤーとしてのプロフィール設定です。

ここで素敵な世界観を演出できない人は、令和の時代、この段階からBUYMAで稼いでいくことはできません。重要なポイントをしっかりと解説するので、BUYMAでハイブランド品を扱うに相応しいプロフィール設定を心がけてください。

BUYMAでの実績がないならバイヤーとしての実績をアピール！

お知らせ欄や自己紹介欄、その他の入力欄では、できる限りバイヤーとしての実績をアピールできるような内容で埋めましょう！

例えば、好きな観光地という入力ができますが、単に「フランス」とか入力してしまうよりも、「パリ○○区」とか具体的に入力したほうがバイヤーとしての実績がありそうですよね？

自己紹介欄、お知らせ欄は、特に気をつけてください。最初の数行には、一番大切なアピールになるような文章を入れてください。

例えば、世界○○か国に買付ルートがあるようなアピールです。よくBUYMAでの実績がないうちはハイブランド品は売れないとか教えているBUYMAコンサルタントが多くいると耳にしますが、そんなことは決してありません！　令和の時代の今からでも、正しいやり方では、まだまだ後発組の人がBUYMAでハイブランド品を全く実績がない最初から販売していくことが可能です。

ちなみに、どうして2017年にBUYMAを始めた僕が、こんなことを自信持って言えるのかというと、もちろん、自分のコンサル生を育てているからというのもありますが、令和2年2月に検証として僕の出品を代行してくれている外注さんに、BUYMAアカウントを1から100％僕のプロデュースでつくらせてみました。途中、コロナウイルスの影響で輸入が2か月ほど完全に停止しましたが、5月頃から毎日のようにお問合せや受注がバンバン入り、完全にブレイク状態となりました。

もちろん、販売実績が全くない最初からハイブランドの高額商品しか扱っていません！　BUYMAにおいての販売実績ができてからハイブランドの商品を扱えというBUYMAコンサルタントも多いようですが、それが全くのデタラメだという事実も、後ほど実際の経験から詳しく解説させていただきます。

アイコン、カバー画像にはとことんこだわれ！

お洒落なショッパー名を考えたときに、ある程度は自身のショップのイメージをしたはずです。そのイメージを言葉にして、自己紹介欄に文章として落とし込み、またそのイメージに合うお洒落な画像を探してみましょう！

ここは、無料でもイメージにピタリと合うものがあればいいですが、お金をかけてでもクオリティの高いカバー画像をつくっておくべきです。ココナラとかにも、画像をつくってくれるサービスが数千円ほどであるのでおすすめです。

ただし、お洒落なだけでなく、コンセプトに合うということが重要です。こういうアピールは、一貫性があればあるほど訴求力が強くなりますので、令和の時代にＢＵＹＭＡ無在庫販売に参戦する後発組の人は、特に考えてみてください。

よくパーソナルショッパーランキングを参考になんていうことを教える人もいるようですが、僕が見た限り、真似をしてみようと思えるレベルの人はいませんでした。こうはしたくないという反面教師的な意味では参考になりましたが、これからＢＵＹＭＡ無在庫販売で稼ぐ人が、既に稼いでいる人と同等のレベルでの演出では全く足らないと思わないといけません！

カバー画像、アイコン画像とかは、後から変更ができる部分ではありますが、コロコロと変えるべきものでもありません。最初の段階でしっかりと完成度の高いものをつくっておき、アカウントの存在感を構築していくことが売れるアカウントに育てるということに繋がります。

●【手順4】素敵な出品方法を身につける！

出品にリサーチはやっぱり不要

ＢＵＹＭＡでは、最初の出品は審査になるのですが、初回出品審査に通すために必要なことは後ほど詳しく解説いたします。

まずは、ハイブランド品の出品に相応しい令和の時代の出品方法、戦略から解説していきます。

よく「何を出品するのですか？　リサーチ方法を教えてください」と、聞かれることが多いのですが、最初にこれだけはハッキリと言っておきますが、リサーチが自分のアカウントに出品する商品を探すとか、自分の出品する商品のＢＵＹＭＡでの販売価格を調べるという意味のものであれば一切不要です。

リサーチ不要と言っているのは、ＢＵＹＭＡ無在庫販売コンサルタントの中で僕だけなので、後ほど、その理由、根拠も詳しく解説していきます。

有在庫バイヤーさんとの差別化

ＢＵＹＭＡでハイブランド品を無在庫販売で扱っていくのなら、まずは「サイズのある商品カテゴリー」から出品していきましょう！　つまり、靴系や服系の商品が、最優先の出品カテゴリーとなります。

その理由は、無在庫販売をするなら有在庫バイヤーさんが苦手なカテゴリーから攻めるべきだからです。サイズごとに在庫を揃えるなんて、ハードル高いと思いませんか？　超人気アイテムの商品でも、売れ筋のサイズだけしか仕入れていない人がほとんどなので、無在庫バイヤーとしては狙い目となるわけです。

日本人には比較的に小さめのサイズが人気になると言われているので、在庫を持つバイヤーさんは、小さなサイズを仕入れていることが多いです。逆に言えば、大きめのサイズが無在庫販売をするバイヤーとしては狙い目となるわけです。また、サイズのある商品の出品のほうが少し難しいので、最初に慣れておくのもいいと思います。

アクセス数を爆上げする素敵な画像編集を身につけろ！

ＢＵＹＭＡの出品で登録する商品画像はブティックに並ぶ商品そのものと言っても過言ではありません。特にＴＯＰ画像の編集にはとことんこだわりましょう！（図表２参照）

ＴＯＰ画像にご注目いただくと、実際の商品写真と編集をした画像に分かれます。やはり、実際の写真が一番アクセスを集めるパワーがありますので、有在庫バイヤーさんのほうが有利となる傾向にあります。そこは、無在庫バイヤーとしては仕方ないので、編集画像の中で1番を獲れるクオ

【図表2　ＴＯＰ画像の編集にこだわる】

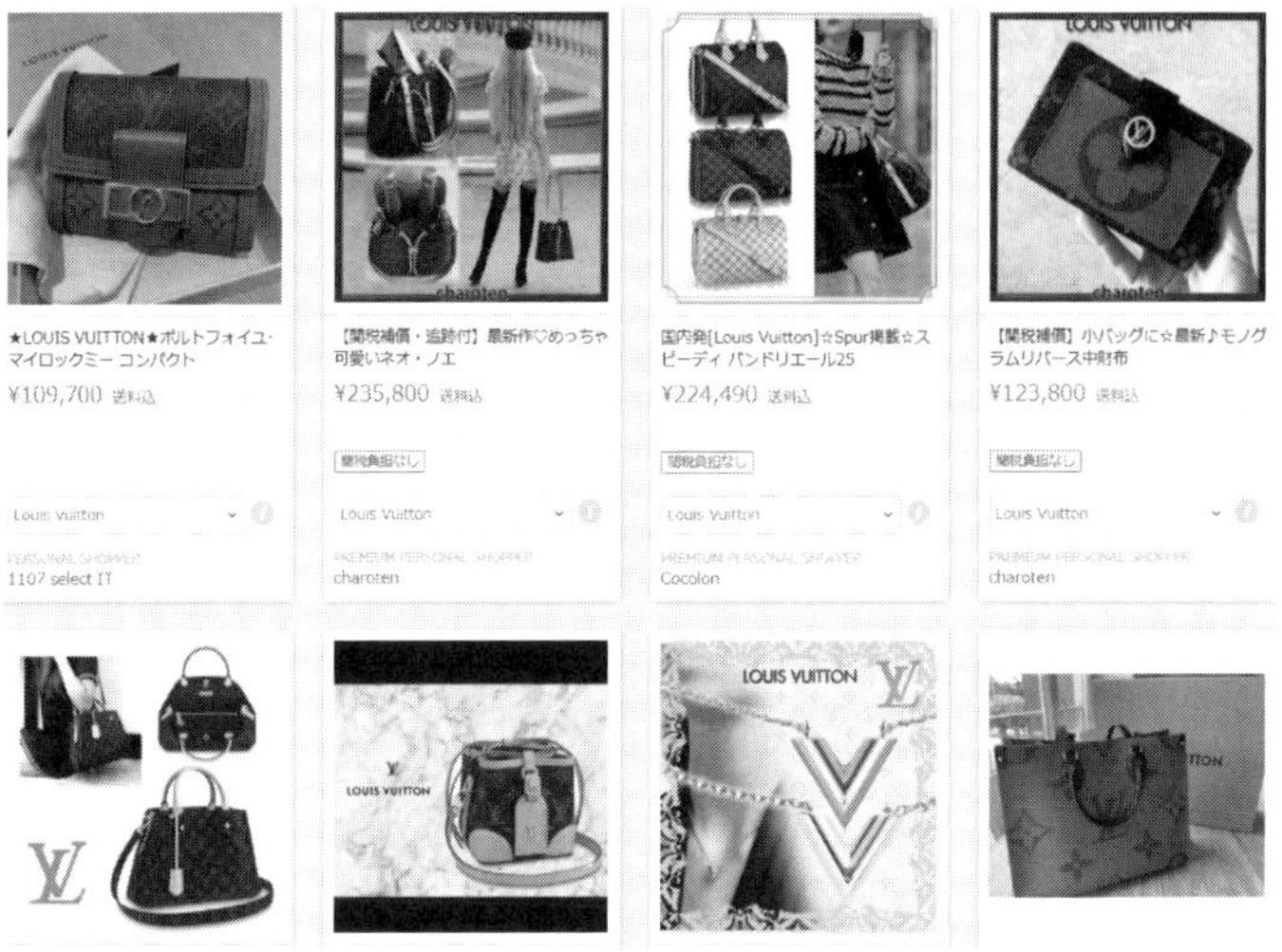

リティの高い編集を目指しましょう。

ポイントは、ブランドの雰囲気がしっかりとアピールできていて、商品自体のインパクトを邪魔していない感じが理想です。例えば、図表2の中の編集画像なら、どの画像が一番目につき、目立っていますか。ちなみにですが、僕が一番目立っていると思うのは、下段の右から2番目で、これは僕のコンサル生の出品ページになります。

自画自賛ではありませんが、ルイヴィトンのレディースカテゴリーの人気順で表示して最初の1ページ目なので、かなりアクセスを集めていることは間違いありません。

しかも、令和2年の5月頃から出品を始めたばかりの新人バイヤーさんです。

このルイヴィトンのネックレスも、既に数本販売しています（2020年8月現在）。

この画像編集は、実はそれほど難しいわけではありません。背景となる部分のイメージ画像をつくっておいて、後から商品画像を上に載せて、商品画像の背景を抜く（透過）、後は大きさと場所を微調整するだけなので、先ほどご案内した画像編集ソフト（GIMP）で使うツールはたったの3つほどです。ファジー選択、拡大縮小、移動ツールを使うだけの初歩的な編集でこんなにお洒落な画像がつくれてしまいます。

アクセス数を爆上げする商品名をつけろ！

お客様がどのようなキーワードで検索をするのか考えてみましょう。

例えば、ルイヴィトンの財布をポルトフォイユブラザなんて正式名称で検索する人がいるでしょうか？　恐らくその正式名称も初めて聞いた人が多いと思います。僕もBUYMA始めるまでは、聞いたこともありませんでした。そんな正式名称を検索ワードとして使う人は非常に少数派だと思います。

では、どのようなキーワードで検索するのか想像してみましょう！

（例）　**—シーズン　新作　ルイヴィトン（ブランド名）財布　色　素材　カテゴリー等—**

こんな感じではないでしょうか？

これで商品名となるテンプレートが完成です。後は、商品ごとに必要な情報を入れ替えるだけです。

ポイントは、最低でも3つ以上はキーワードを入れること。BUYMAの商品名は、最大半角60

文字なので、スペースは半角で統一、またカタカナばかりが並ぶと読み辛く、格好も悪いので、英語とカタカナ、漢字が交互に並ぶようにエ夫するようにしてください！

(例)　―新作 Louis Vuitton ポルトフォイユブラザ 長財布 黒―

こんな感じが理想的です。

新作の部分は、商品によって「定番」、「レア」等と入れ替えてみましょう！

商品コメント欄でも差別化を図れ！

商品コメント欄を定型文だけでコピペで使いまわしている人が多いですが、それは令和のBUYMA戦略とは言えません！　これからBUYMA無在庫販売の市場で稼いでいきたいのなら、商品コメント欄も工夫をしましょう。

とはいえ、それは一部分だけで構いません！　冒頭の数行だけ商品ごとに一言添えるだけで、他は定型文でOKです。

(例)

＝＝＝＝＝

モノグラムの可愛さと秋冬カラーを融合させた、心躍るショルダーバッグは、大切な人への贈り物やご自身へのご褒美としても最適な逸品。

普段使いとしても、パーティーシーンにおいても、素敵な装いを更に格上げしてくれること間違いなし！

ポイントは、この商品を手にした後を想像させてあげることが重要です。こういう文章は、お問合せ対応にも応用できるので、必ず身につけておきましょう！

＝＝＝＝＝

ＢＵＹＭＡでは自分で買付、検品、発送することが原則

後に、それらの作業を自分の責任の下において代行（外注）していくのは可能ですが、最初の段階では、自分ですることを想定して出品ページを作成します。

例えば、買付地、発送地、発送方法、ショップ名等がそうなりますので、ＢＵＹＭＡに登録した住所に合わせて最寄りの店舗で買い付けることを前提に登録してください。

出品の際は、公式サイトを参考にして出品していきますが、買付に関しては、国内オンライン在庫の買付は禁止されています。店舗の在庫とオンラインの在庫とは異なるものなので気をつけてください。これも後ほど詳しく解説させていただきます。

カラーバリエーションがある商品なら１つのページで出品！

ＢＵＹＭＡでは、アクセスが集まり、ほしいもの登録（ウォッチリスト）されることで人気順が上がり、検索上位になる（最初のほうに表示される）仕組みになっています。したがって、例えば、黒を見たい人も、白を見たい人も、そして赤を見たい人も、同じページに入ってくれるほうが断然有利となるわけです。

カラー展開が多いと画像編集が大変だったりしますが、それを考慮しても、1つの販売ページで出品をひとまとめにすべきです。各色の商品を全部同じ大きさでTOP画像にまとめにくい場合には、象徴的な色や人気がありそうな色だけ大きく配置して、他の色は小さくしてみるとか工夫をして画像編集してみましょう！

これら出品で重要となるポイントを押さえておいてから、初回出品審査に挑戦してみましょう！他の出品項目は、同じブランドを出品しているショッパーさんをモデリングして自分好みに仕上げてください。例えば、タグ付けとかは、実績のある人のやり方が参考になります。

・初回出品審査を通す方法！

出品情報を充実させよう

ここまで解説したとおりに出品をすれば、簡単に審査に通過するはずです。

重要なことは、商品情報を充実させることです。サイズ補足欄は、ブランド公式サイトを参考にしてちゃんと補足情報（実測サイズ、素材等）を明記しておきましょう！　また、直営店で買付するハイブランドであれば問題ありませんが、そうでないブランドの場合は事前に確認が必要です。

出品商品のことでわからない情報、項目も、日本のルイヴィトンのカスタマーサポートに電話して聞くとか、実績あるバイヤーさんの出品ページを参考にするとかして、必ずすべて入力する項目は埋めてください。

・販売価格の算出について

読者様特典①

今回、読者様限定特典としまして、普段使っている「販売価格算出ツール」をプレゼントします。

プレゼントの受取方法につきましては、本書の最後で、僕の公式LINEのQRコードをお知らせしますので、公式LINEにご登録いただくと特典が受け取れます。

また、使用方法等、ご質問のお問合せも、公式LINEのほうで承ります。

販売価格算出ツールは、すべての国の通貨に対応できるようになっていますので、ぜひ、今後の活動に役立ててみてください。

●【手順5】外注化を制する者が令和のBUYMAを制する！

最初から外注化

BUYMA無在庫販売ビジネスの7割以上の作業が、〝出品〟と言っても過言ではありません。

それだけに、その出品作業を全部自分でするのは、効率がよい方法とはとても言えません。したがって、正しい出品方法が身についたら、すぐに外注化をしていくことをおすすめします。

たまに稼いでから外注化をする人がいますが、それは発想が逆です。大きく稼ぐ、そして稼ぎ続けるために必要なのが外注化です。思っている以上に諸経費は安く済みますし、正しい外注化を理解して正しく進めれば、利益が出る前に外注費が先に必要になることも非常に少ないことになります。

売れる前に外注費がかかる場合でも、出品力が上がれば1～2か月ほどで利益のほうが上回ります。また、買付作業に関しても、外注化していかないと買付力が上がらず、BUYMAでの買付成功率が低くなってしまいます。

BUYMA無在庫販売で稼いでいくために必要なステップは後ほど詳しく解説していきますが、そのステップに必須なのが外注化です。もちろん、それらを1人で賄うことは不可能ではありませんが、令和の時代のBUYMA無在庫販売では外注化していくことを強くおすすめします。

コロナウイルスの影響で在宅需要がさらに高くなった令和の時代においては、僕が外注化（出品、買付）の仕組みを構築した頃より遥かに簡単にできるはずです。

その外注化に関する正しい手法を詳しく解説していきます。

出品の外注化はクラウドワークス、ランサーズ、シュフティがおすすめ

買付の外注さん募集は、どちらのサイトも禁止しているのでやめておきましょう。買付の外注さ

んを募集している人も多くいますが、アカウントが停止になる可能性が高いのでやらないほうが無難です。

募集サイトも、アカウントを育てていくと募集が驚くほど沢山来るようになるので、アカウントが停止になってしまうと一からやり直しになるため、物凄く痛手になります。

買付パートナー様の獲得方法は、後ほど詳しく解説させていただきますので、まずは出品を代行してくれる外注さんの募集方法を身につけていきましょう！

条件は１商品40円で十分

出品の外注さんの募集をモデリングしてみると、40円～１００円ほどで募集をしている人が多いです。

しかし、これは、１００円で募集しても、40円でしても、集まる人数、また集まる人の質ともに大差はないので、募集では40円ですることを強くおすすめします。継続して頑張ってくれる人にだけ、10円ずつでも上げてあげるほうがいいです。

外注さんとの関係は、雇用関係ではありませんので、依頼する出品数と納期をハッキリと明記しておいてください。出品数３００～６００件、納期1か月ぐらいが一般的ですので、自分のアカウントの状況や予算に応じて調整をしましょう！

ちなみに、出品数が多いほうが納期を守れなくなる人が多いので、最初の段階では諸経費が抑えられます。

募集はタイトルで魅せる！

募集サイトにおける募集タイトルが重要なことは言うまでもありません。大切なのは、募集したいターゲット層をしっかりとイメージしてつくること！

ＢＵＹＭＡ出品作業は、明らかに女性向けの在宅業務ですので、条件面で釣ろうとしないことが重要です。男性と違って女性は、条件面よりも居心地のよさや安心感等が一番重要な要素です。それらを踏まえて、他の人の募集を見てみると、それぞれの募集の狙いが理解できてくると思います。もちろん、丸パクリは絶対にダメですが、言葉の組合せは無限にあるのですから、参考にして自分の募集タイトルを魅力的かつ目立つ派手なものにしてください。

（例）―【先着○名】☆完全在宅☆ＢＵＹＭＡお洒落なアパレル商品の出品☆簡単作業☆【急募】―

先着は人が揃ってきたら１人で、最初は２～３人とできるだけ少なめに表示しましょう！

現地買付の外注さんはSNS等でスカウトする！

募集サイトは、ほぼ買付の外注さんの募集は禁止されています。最近では、現地在住の日本人の方をSNS等で簡単に検索できます。

例えば、インスタグラムでは、「ヨーロッパ在住で買付をしています」なんて投稿も見かけます。

買付需要の高いフランスパリやイタリアミラノ辺りに在住の日本人は、スカウト慣れしていたりもするぐらいですので、遠慮なく挑戦してみましょう！

買付国が多いほうが買付力が上がることは間違いありません！　条件は、店舗買付で1商品3，000円～6，000円ほどですので、3，000円から交渉をしてみると「○○○円なら引き受けます」とかいう感じになる人も多いです。

ＢＵＹＭＡでヨーロッパブランドを扱うのであれば、最低でもフランス、イタリア、イギリス辺りには見つけておきましょう！　イギリスは、通貨がユーロではないので、フランス、イタリア等のユーロ圏に比べると少しだけ定価が高くなります。

note でスカウトが成功率高め?!

最近では、note とかでもスカウトしています。note では、現地在住者を探してクリエイターにお問合せをしてみましょう！

note では、サポート機能とかもあるので、１００円でもサポートしてあげると返信率が高くなります。

また、最初の段階では、ユーロ圏に在庫があるタイミングでお問合せや受注がなかなか来ないこともあるので、アジア圏の国々に買付国があると買付成功率がグンと上がります。特に香港、シンガポール、韓国には、最低でも見つけておきましょう！

買付の外注さんは、依頼をしなければ報酬が発生することがないので、何人いても問題ないです。逆に、依頼をしていないときのコミュニケーションをしっかりとしておかないと音信不通となることが多いです。

交渉成立後は、チャットワークに誘導して、グループチャットを各地域につくっておくと便利です。例えば、ヨーロッパ買付グループというグループチャットをつくってヨーロッパ在住の買付パートナー様を全員招待しておけば、1つの在庫確認の連絡を複数の人が1度で共有できますので手間がとても省けます。逆に、フランスだけに依頼したいときは、個別で依頼すればOKです。

(在庫確認の依頼例)

＝＝＝＝＝

お疲れ様です。

■サイズ：

■カラー：

■商品名：

■品番：

■URL：

■価格：

■備考：

在庫確認お願いします。

必要な項目を公式サイトで確認して埋めてください。間違いがないように、品番は必ず入れておきましょう！

＝＝＝＝＝

品番は、ルイヴィトンなら商品名の上にあるものですが、ご不明なブランドはカスタマーサポートに聞けば教えてくれます。ＢＵＹＭＡでの出品ページを見ると品番を入力していないバイヤーさんが多いですが、後で探すのが大変になるときもあるので、必ず入力して出品するようにしておきましょう！

●【手順６】商品の買付方法について解説

簡単そうな手法は必ず飽和するってか、既に飽和している！

僕は、直営店買付の高値売りバイヤーですので、主に直営店買付に関する手法になりますが、それでも国やブランドによって様々なバリエーションがあるので、その特徴を覚えてください。

海外のオンラインサイト（セレクトショップ）から簡単に仕入れるなんて手法もありますが、一見、簡単そうな手法は必ず飽和しますし、前章でもお伝えしたとおり在庫量が非常に少なく限られています。ＢＵＹＭＡで稼ぎ続けていきたいのなら、まずは初歩的な国内直営店買付から身につけていきましょう！

・【初級編】　国内直営店買付を極めろ！

国内直営店で５万円で販売している商品がＢＵＹＭＡで７～８万円で売れる理由

海外直営店買付は、原則として、現地で買付を代行してくれる外注さん（パートナー様）を見つけないと成立しません。

僕のコンサル生は、僕の持つ独自の買付ネットワーク（現在20～30か国）を共有していますが、自分でそのネットワークを構築していくのは最初の段階ではとても大変です。まずは、自分自身や知人に依頼できる範囲で買付ができる国内直営店買付から始めてみましょう！

ただし、直営店が運営しているとしても、国内ではオンライン買付がＢＵＹＭＡでは禁止されています。ところで、オンライン在庫とは、公式サイトでカートに追加できる商品のことになります。

他にも、正規品としても、Amazon等のECサイトでの買付は、一切認められていません。

しかし、唯一、ＢＵＹＭＡからの買付はよいそうです！　ＢＵＹＭＡで販売するのにＢＵＹＭＡから買付なんて機会はなかなかないと思うので、国内ではリアル店舗から買い付けることを前提に出品を進めていきます。

出品方法については、前章をご参照ください。

販売価格の算出方法については、最後の書籍ご購入者様特典をご利用いただけますと幸いです。

さて、皆様の一番の疑問は、例えば「国内直営店において5万円で販売されている商品がBUYMAで7～8万円とかで売れるの？」ではないでしょうか。

結論から言うと、正しく進めていけば売れます。BUYMAは、言い換えれば、ハイエンド層の方の「お買い物代行サービス」です。都会に住んでいても忙しい人、また地方に住んでいて近くに直営店がない人、最寄りの店舗、オンラインの在庫が完売している等々、様々な需要があるのです。

また、中には、公式サイトはあるがオンライン販売していないハイブランドもありますし、オンライン在庫は店舗よりも少ないので先に完売していることが多いのです。そんな人の代わりに、お買い物をして来てあげるのが国内直営店買付のイメージです。

国内買付も各都市に買付パートナーがいると買付力がグンと上がる！

出品ページのつくり方の注意点としては、海外買付ではないので関税がかからないこと、またできるだけ早く（2～3日）お届けできることのアピールを忘れないようにしましょう！

他は、海外買付の出品方法と特に変わる点はありません。お問合せや受注が入れば、国内カスタマーサポートに電話して店舗在庫の有無を聞けばOKです。

僕は、出品の外注さんに住んでいる地域とかも聞いておいて、僕が行けない大阪以外の都市の人にはいつでも買付が依頼できるようにしています。また、SNS等でのスカウトでも、海外在住者よりも簡単で報酬も安く（1商品1，000円～）見つけることができます。

要領よくやれば、商品買付→検品→発送と1時間もあれば十分できます。時給1，000円ほどとか上手くお伝えすることが重要なポイントになります。

送料が無料になるブティック直送とは

「店内で検品写真が撮れるの？」―通常、店内での撮影はNGのブランドがほとんどですが、購入した商品に限っては店内で写真を撮らせてくれることが多いです。

その場合は、その場で検品写真が撮れるということなので、直営店側に発送は依頼しましょう。贈り物と言えば大丈夫です。価格帯にもよりますが、ハイブランドであればほとんどの場合、送料はブティック負担で送ってくれます。

日本国内の直営店から届いてクレームにならない？

このように心配される人が多いですが、BUYMAの出品ページには、「日本で買付、日本から発送」と明記されています。

それでも極稀に（100件に1件あるかないか）、日本の定価より何で高いのかというお客様もいるようですが、お客様の代わりにお買い物をして、汚れや初期不良等、何も問題がないことを確認した上で送っていますので何ら問題ありません。仮にその理由で「不満」の評価になっても、BUYMA事務局に相談をすれば直ぐに削除してくれると思います。

しかし、どんなに理不尽なクレームがきても、「自分の説明不足でした」とか、謝罪だけはしておきましょう！

もっとも、逆に直営店の梱包は、僕たちがやるより非常に丁寧なので喜ばれることが圧倒的に多いです。ネット物販に限らず、どこのお客様の中にも一定数はクレーマー的な人が存在しますが、BUYMAは圧倒的に少ない印象です。むしろ僕が驚くほどの丁寧な対応をしてくれるお客様が多いのがBUYMAならではの特徴です。

答えは必ずBUYMAの中にある

扱えるブランドは多岐に渡りますが、他の人がどのようなブランドを扱っているのかモデリングしてみてもいいと思います。

BUYMAのTOPページから一番下のほうに行くと「買付地から探す」というMAPがあります。そこで「日本」をクリックすればOKです。

チェックボックスで「人気順」を選択すれば、どんな商品が人気（アクセスが多い）なのか一目瞭然です。

また、出品しているバイヤーさんのTOPページに行けば、右のほうに「注文実績」というボタンがあるので、それをクリックすればどんな商品が過去に売れたのかも確認ができます。

僕は、基本的には扱うブランドも決まっていますので、前章で紹介したとおりリサーチもしないで出品数を増やしていきますが、最初の段階ではとても参考になるとは思います。

ＢＵＹＭＡのことで気になることがあれば、答えは必ずＢＵＹＭＡの中にあります。コピペ、丸パクリとなるのは絶対にダメですが、最初の段階では参考にしていきましょう！

・【中級編】海外直営店買付を極めろ！

ブランドの価値は希少性

この手法で扱うブランドは、原則的には現地でしか買付ができないハイブランドの扱い方になります。具体的に言うと、ルイヴィトンやシャネル、エルメス等のラグジュアリーブランドになります。

これらのブランドは、基本的には直営店でしかお取扱いがなく、店舗であれ、オンラインであっても、日本から現地の在庫を購入することができません。したがって、現地在住の日本人を探して買付業務（買付、検品、発送）を代行していただきます。

前項でお伝えしたとおり、ブランドの価値の1つは「希少性」になります。つまり、一番在庫量が豊富な直営店とはいえ、国内だけですと限界が出てきます。国内買付だけでも月収50万円以上稼ぐ凄腕のバイヤーさんも多くいるようですが、やはり国内買付を進めつつ、海外在住の日本人をSNS等で探し、スカウトしていき、買付ネットワークを広げていくほうが買付成功率は確実に上がります。

ヨーロッパブランドをＢＵＹＭＡで扱うのなら、基本的にはヨーロッパ（ユーロ圏）が一番、公式販売価格も安いです。高値売りバイヤーとはいえ、仕入は少しでも安いほうが有利なことは言うまでもありません。

国内の高い公式販売価格でも利益を取れる高値売りを身につけたら、海外の市場にも進出できるように準備をしていきましょう。最低でも、ヨーロッパブランドの本拠地となるフランス、イタリアの主要都市には買付を代行してくれるパートナー様を見つけてください。

僕の買付パートナー様の話を聞くと、憧れだった海外生活も実は想像以上に大変で、仕事もなく、困っている現地在住の日本人が多いと言います。そんな人たちが、住んでいる環境を利用してお小遣い稼ぎしたいと考えている場合も多いようです。

出品方法は、国内買付の場合とあまり変わりませんが、国内で買付、発送と出品ページを登録していれば、それは変更できません。また、再度、出品をやり直していくことになります。したがって、盤石な出品の仕組み（外注化）は、早めに構築をしておきましょう！

※公式LINEの方にお問合せいただければ、手頃なＢＵＹＭＡ自動出品ツールのご紹介もしておりますので、公式LINEご登録後、お気軽にお問合せください。

念のためＢＵＹＭＡ事務局にはメールで報告

これは、必ずやらなければいけないことではないのですが、いきなり買付国等を変更して出品すると、ＢＵＹＭＡ事務局から確認のメールが届きます。そのメールには、自分の責任の下で買付、検品、発送等の業務を代行していただくことになったと返信すれば大丈夫ですが、僕は事前にＢＵＹＭＡ事務局に連絡をさせるように教えています。

理由は、ＢＵＹＭＡとはしっかりとコミュニケーションをとっておくべきだからと思うからです。買付成功率を上げていくためにそうするとか、一言添えて自分から事前に報告することをおすすめします。

・ＢＵＹＭＡ事務局　buyma-desk@buyma.com

次のポイントは、必ずメール文章に含めましょう。

①　○○と○○（具体的な国名）で海外のパートナー様と契約した。

②　自分の責任の下で買付、検品、発送を代行してもらう。

③　買付成功率を上げてお客様にご迷惑をおかけしないようにしたい。

④　海外買付＆海外発送をさせていただきたい。

ＢＵＹＭＡ事務局からの返答は、いくつかのパターンがありますが、基本的には推奨はしていないが現時点において問題はないとの返答が来ます。

海外送金の方法

この書籍を読んでくれている段階の人は、恐らく資金的な余裕がない人が多いかと思います。

また、資金ゼロから始めるBUYMA無在庫販売と明記しているので、皆様が一番聞きたいのは、「日本から現地直営店の商品をカード決済で買い付けるのか?」ではないでしょうか。

その手法は、いくつかあるので、後ほど詳しく解説していきますが、ここでは一番ポピュラーな手法であるペイパル決済について解説します。

これは、現地の買付パートナー様の協力が必要になりますが、ペイパルで請求書を作成してもらいます。その請求に対してペイパルに登録しておいたクレジットカードで決済ができます。入会費等は無料ですので、海外買付に移行する際に、予めペイパルでビジネスアカウントを取得しておきましょう。手数料も比較的に安いので、とても便利ですよ。

僕自身も、この方法で最初のうちは資金ゼロ、クレジットカード枠だけでBUYMA無在庫販売をやっていました。資金に余裕ができてきたら、トランスファーワイズを利用する送金方法が一番手数料が安くなります。

トランスファーワイズは、現地通貨を日本円に変えたい人とトランスファーワイズを介して交換するサービスになります。したがって、実際に現地に送金をするわけではないので、為替手数料的なものが必要ありません。トランスファーワイズに対して手数料を支払うだけなので、現地の銀行口座を持っている買付パートナー様であれば、国内の銀行口座に振り込むよりも手数料は安く済みます。

日本の銀行口座しか持っていない買付パートナー様もいるので、その場合はその口座に買付を依頼するときは入金しますが、現地通貨に換算するときに手数料が引かれるので、その手数料分も請求されます。日本の銀行に入金するほうが早いですが、トランスファーワイズのほうが手数料は安くなります。

現地買付パートナー様との連絡方法

これは、LINEでもいいのですが、日本ほど海外ではLINEが普及していない国が多いので、チャットワークやzoom、スカイプ等を使うと便利です。

BUYMAをやっている人やそれに関係している外注さんは、チャットワークを使っていることが多いので準備しておきましょう。

前章でもご案内させていただきましたが、チャットワークにグループをつくっておくと、複数のメンバーでシェアできますし、非常に便利です。パソコンだけでなくスマホにもアプリをダウンロードしておくと、どこにいても外注さんに買付、在庫確認の依頼とかもいつでもできちゃいます。

海外買付における注意点

ラグジュアリーブランドとはいえ、海外の対応はすべてが日本のような完成度とは言えません。中には驚くようなこともあります。

例えば、買付が決まり、送金手続の関係で少しタイムラグがあるので、まずは商品のお取置きの依頼をします。お取置きとは、他のお客様に買われてしまわないように言い換えれば予約をしておくことです。人気商品や残りの在庫が少ないと、そのお取置きに応じてくれないことも多いですが、対応してくれる場合にはお取置きの依頼は必ずします。しかし、その予約ともいえるお取置きをしていた商品が、店に行くと売られてしまっていることもよくあります。

これは、気をつけようのない海外あるあるなので、仕方ないと受け入れるしかありません。日本であれば、お取置きの期間内であれば、絶対に他の人に販売されてしまうようなことは当然ありません。

また、買付需要の高いフランス等の主要国では、購入制限を急に言い渡されることもあります。購入制限とは、例えば、革製品（財布・バッグ）の購入禁止とか、つまりは買付できなくされてしまうことがあります。通常は、1か月もすれば忘れられてしまうようですが、これも海外の対応ですので絶対とは言えません。

したがって、買付需要の高いフランスとかは、常に複数の買付パートナー様を見つけておきましょう。買付パートナー様は、依頼をしなければ報酬が発生しないので、何人いても資金的に何も問題ありません。

・【上級編】直営店VAT抜き直送を極めろ！

直営店買付でもこんな値引きの裏ワザがある?!

この手法の最大の目的は、現地間接税であるVATを免除してもらうことです。

ヨーロッパで買うのが一番安いヨーロッパブランドですが、それでも現地価格には2割ほどのVATが課せられています。

その現地間接税を日本で買うので免除してという理屈で交渉してOKをもらうとこの買付手法が成立します。

ややこしいのが、すべてのブランドがOKではないということと、基本的にはOKしてくれるブランドでも、対応するスタッフによってはNGだったりもします。

僕以外の人の教材とかを見ると、日本から英文でメールを送りまくって交渉するとかいう内容でしたが、それは非常に成功率の低い効率の悪いやり方です。現地買付パートナー様に聞いた話ですが、日本からのメールが多過ぎて、今はとにかくNOと返答しろと指示が出ているブランドも多いそうです。

僕が上級編としたのは、中級編で買付パートナー様が数人でもつくれていれば、この交渉も代行してもらえばいいだけなので、簡単に応用ができるからです。交渉の報酬も0円～数千円ほどと非常に安い相場でお願いできています。僕は、お互いにメリットがあることなので、無料で開拓していただいています。

今では、10ブランド以上からVAT抜きで日本に直送してもらうご了承をいただいており、その直送買付ルートはコンサル生と共有しています。

それでは、この手法の注意点や攻略のポイント等を詳しく解説していきます。

ＶＡＴ抜き直送買付で扱える可能性のあるブランド

主にイタリアブランドが多くなります。例えば、グッチとかプラダ、バレンシアガ等になります。中級編で扱う現地買付のハイブランドは、基本的にはＮＧですので交渉しても無駄ですから覚えておきましょう。

他にも有名どころでは、ドルチェ＆ガッバーナやボッテガヴェネタとかも直送ＯＫの実績のあるブランドです。

※ブランドによっては○○ユーロ以上なら直送ＯＫ等の条件がある場合があります。

直送はＢＵＹＭＡ規約違反というのは本当?!

正確に言うと、検品をせずにお客様に送ってしまうのがＮＧになります。しかし、直送ブランドになると、送料等は自己負担になりますが、返品を受け入れてくれるブランドも多いです。

また、取引を重ねていくと、現地直営店の担当スタッフにお願いすれば検品写真を代わりに撮ってくれてから送ってくれる人もいます。そうすれば、規約的にも何の問題もなく直送買付もできるということになります。この点も、現地買付パートナー様に事前に交渉時にお願いしておいてもらいましょう。

仕入価格の算出方法

直送買付の場合は、ＶＡＴが免除される分、現地公式販売価格よりも安くなります。

ＢＵＹＭＡでの販売価格の算出をするときは、例えば1，０００ユーロの商品であれば、1，０００÷1・2＝８３３．３３３ユーロ

これぐらいになるかと思います。

今回の読者様限定特典である販売価格の算出ツールに、1，０００ユーロの商品であれば８３３ユーロぐらいで入力してくれればＯＫです。後は簡単ですので応用してみてください。

ＶＩＰ割引　ｖｓＶＡＴ免除どちらが有利?!

ややこしいですが、やはり無在庫販売で売れやすいカテゴリーは、服や靴系、サイズのある商品カテゴリーになります。特に高価格帯の商品が狙い目です。

ＶＡＴ抜きで直送ができるブランドは、基本的にはセレクトショップでもお取扱いがあるブランドになります。つまり、ライバルは、セレクトショップで仕入をするＶＩＰ安売りバイヤーさんということです。そうなると仕入価格では、断然ＶＩＰ割引のほうがＶＡＴ免除よりも安くなります。

したがって、ＶＩＰ安売りバイヤーさんが苦手であろうカテゴリーを攻めるのがセオリーとなります。苦手なカテゴリーというのが、前章で有在庫バイヤーさんが苦手と解説させていただいたものと同じです。つまり、靴系や服系の特に高価格帯の商品がＶＩＰ安売りバイヤーさんの苦手なカテゴリーになると容易に想像ができます。価格差なんて気にせずに、直営店の豊富な在庫量を背景に、優先カテゴリーから攻めていきましょう！

ＶＡＴ抜き直送買付の注意点

ＶＡＴ抜き直送買付の注意点は、次のとおりです。

決済方法

クレジットカードでの決済ができるように予め交渉をしてもらってください。最初からＯＫの場合も多いですが、何度か取引をしてからと言われる場合もあります。

また、クレジットカードの決済方法も、担当する人によってやり方が異なったりもするので、事前に細かく打合せをしておきましょう。

さらに、パスポートが必要になりますので、事前に準備が必要です。

配送方法

これは滅多にないことですが、決済した名義の人にしか現地から送らないと言われることもあるようです。ほとんどの場合は、交渉すればお客様への直送も可能ですが、発送直前にそんなことになるとかなり発送が遅れるので、事前に細かく打合せをしておいてください。

また、基本的には、手続等の関係で、在庫が店舗に普通にあっても発送まで時間がかかることが多いです。稀にですが、現地担当者が忘れていることもあります。

ＢＵＹＭＡからは、５日ごとに発送したか確認の連絡が入りますので、最低でもそれぐらいのタイミングで現地買付パートナー様に確認をとってもらうように前もってお願いをしておきましょう。

ＢＵＹＭＡでは、発送期限が18日間も設定されておりますので、お客様と上手くコミュニケーションをとりながら進めていかないと、遅いという理由で「不満」の評価をされてしまうかもしれません。

僕は、毎回、「お取寄せになるので少々お時間を要する場合があります」と必ず最初にお断りします。

関税

「ＢＵＹＭＡ規約に基づきご購入者様の負担になります」と「お取引について」に必ず明記をしておきましょう。出品ページの商品コメント等にわざわざ明記する必要はありません。

もちろん、出品者の負担とすることもできますが、利益を減らしたくないならば、結局は販売価格に上乗せすることになります。以前、どちらがいいか試したことがありますが、あまり販売数に影響はなかったので、関税はお客様負担とするほうが出品者としての作業量は断然楽になることはいうまでもありません。

仮に関税に対するクレームがあったとすれば、「お取引について」に明記してあるのでご理解の上だと思いましたと返答しましょう。

なお、お客様が関税を負担したことで「不満」の評価をしても、ＢＵＹＭＡ事務局に連絡すれば削除してくれるようです。さらに、受取りを拒否したとしても、拒否したことが判明した時点でお取引が無事に完了となるので、出品者としては特に困ることがありません。

梱包

ＶＡＴ抜きで直送してくれるブランドになると、梱包が意外と雑なことが多いです。これも現地買付パートナー様から細かく指示してもらうしかありませんが、お客様にも海外の対応のことは事前にお伝えしておくと悪い評価をされる可能性がグンと下がります。

また、ドレスやワンピース等は、シワにならないようにかなり大きめの箱にハンガーで吊るした状態で送ってくることもあります。したがって、ワンピース等が売れたときにも、事前に箱がかなり大きい場合があるとお伝えしておきましょう。僕が初めて「どちらでもない」評価をいただいたのは、この箱が大き過ぎることが原因で、「事前に言ってほしかった」とのことでした。

また、ダウンジャケットを販売する際に、極力小さな箱に詰め込んで配送料を少しでも安くしろと指導をするBUYMAコンサルタントがいると耳にしますが、それはBUYMAから正式にNGだとアナウンスがあったので気をつけてください。

海外配送では、配送中に何かの拍子に箱が開いてしまうことがないように、テープをかなりしつこく貼っていることが多いです。それを受け取ったお客様が、カッター等の刃物で切って開けようとして、ぎゅうぎゅう詰めにされたダウンジャケットが飛び出してしまい、刃物で切ってしまったケースがあるようです。

販売価格が多少高くなったとしても、ダウンジャケットは、余裕がある状態で梱包するか、できればブランドの化粧箱に入れた状態で送ってもらいましょう。

オンライン在庫

店舗在庫とオンライン在庫が異なることは前章で述べました。

オンライン在庫とは、公式サイトにおいてカートに追加できる状態の在庫のことで、店舗の在庫とは全く別管理のものです。通常は、在庫数がもともと少ないオンライン在庫からなくなっていく傾向が強いのですが、直送ブランドにおいてはそうならない場合も多いです。理由は、オンライン在庫ではＶＡＴ抜き直送ができないからです。

ＶＡＴ抜き直送は、日本で買うから現地間接税であるＶＡＴを免除してという理屈でしたよね。それなら、正式に現地買付となってしまう公式オンラインサイトの在庫は、ＶＡＴ抜き直送買付ができないという理屈になります。ややこしい理屈ですが、公式オンラインサイトの在庫は直送できないと覚えておけばＯＫです。

そんな事情があるからなのか、通常は在庫量が豊富な店舗在庫が残ることが多いのですが、直送ブランドは店舗から先に完売してしまうことがしばしばあるようです。

在庫確認時に、オンライン在庫があるからといって店舗もあると勝手に判断して、お客様に在庫ありと返答してしまい、結果、店舗に在庫がなくて泣く泣くキャンセルをしてしまうことが過去に何度かありましたので気をつけてください。

クレーム

海外買付で扱うルイヴィトンやシャネル、エルメス等のお客様に比べると、ＶＡＴ抜き直送買付ができるブランドの客層は、少し元気な人が多い印象です。それでも１００人中５人もいないぐらいの割合です。基本的には関税に関するクレームなので前章を参考にしてください。

対応のコツは、自分の考えや意見を説明しようとせず、相手の意見や考えを先に聞いてあげましょう。その上で、ダメなものはダメとハッキリと対応することが重要です。

また、現地ブティックの対応が悪かった場合でも、自分の責任として謝罪するのが正しい対応です。

ＢＵＹＭＡでは、かなり出品者に有利なルールとなっていますので、そのルールの中で上手くビジネスをしてほしいというのが運営側のスタンスだと思います。仮にどんなに揉めたとしても、自分で解決するつもりで真摯に向き合っていきましょう。ＢＵＹＭＡ事務局に相談するのは本当の最終手段です。

●【手順７】お客様とのやり取り

お客様対応は１対１と思うと失敗する！

前章でも少しだけ触れましたが、ＢＵＹＭＡでは、お問合せの段階ではすべてのユーザー様にそのやり取りが公開されています。また、評価に対する返信も全ユーザー様に公開されており、誰でも確認できます。

それはＢＵＹＭＡで出品者として活動している人なら誰でも知っていることなのですが、意外と多くの出品者が理解していないのが、その公開されたお客様対応の重要性です。まだＢＵＹＭＡで稼げていない人にとっては、このお問合せ対応と評価に対する返信の内容には特に気をつけることを強くおすすめします。

つまり、お問合せや評価をしてきたのは１人ですが、それを見る人は他にも沢山いるということです。ここでの対応を誤ると、今後のＢＵＹＭＡ活動に大きく影響してしまうことは間違いありません。

詳しく解説していきます。

実際のユーザー様に聞いた驚愕の事実！

ＢＵＹＭＡユーザー様は、ハイエンド層が多く、とてもお行儀がよいことでも有名です。そんなハイエンド層の人の驚きのエピソードも多いですが、この章ではそんなＢＵＹＭＡユーザー様に聞いた驚きの事実を公開します。

これには僕の経験からも間違いないと自信を持って言えますが、そんなお行儀のよいお客様たちがしてくれた社交辞令感満載の評価内容では、高額商品を買うときに何の参考にもならないということです。

ＢＵＹＭＡでお買い物を楽しむ人たちは、とてもお目が高く、日常から高いクオリティの上質な対応を受けていることが多いのです。そんな人たちは､付加価値に対して高いお金を支払うのです。

そんな人たちがＢＵＹＭＡでのお買い物に何を求めているのか。そこをお問合せ対応等から何が読み取れるのかを紐解いていけば、答えは自ずと見つかります。

返信は早いか？

公開されたお問合せ内容を確認すれば一目瞭然ですが、お問合せ日時、返信した日時も記載されています。つまり、返事が早いかとの確認が誰にでもできるということです。

特に重要なのが、一番最初の返信です。ＢＵＹＭＡでは、海外に在庫の確認をするとか、その際には時差の兼合いや現地の都合があることも慣れたＢＵＹＭＡユーザー様なら知っています。したがって、そんな事情が関係ない最初の返信が早いと安心して、他の出品者に問合せするとかせずに待ってくれる人が多いのです。

また、そんなハイエンド層の人は、忙しい人が多いので、余計に返答の速さは重要です。僕が副業時代は、会社のトイレに駆け込んで最初の返信を直ぐに返すようにしていたときもあります。僕のコンサル生の中には、アイフォンウォッチとかを利用していち早くＢＵＹＭＡからのメールに対応できるように工夫をしている人もいるそうです。ＢＵＹＭＡ無在庫販売では、こういった少しの工夫ができるタイプの人が大きな結果を出す傾向にあるようです。

対応は丁寧か？

ここはもう求められているというか、当たり前の次元の話です。高額商品のお買い物を依頼するわけですから、丁寧な人に頼みたいのは当然です。しかし、お問合せ対応や評価への返信を見ると、意外とお客様からの小さなクレームに対して心ない返答をしている人を多く見かけます。

どんなに理不尽な評価を受けても、それを目にするすべてのユーザーに向けて、自分の落ち度だけを見て謝罪をしておくべきです。これが理解できるようになれば、BUYMAでの理不尽な「不満」の評価なんて怖くなくなります。この対応を間違えると、当事者である相手1人だけでなく、それを目にする他の多くのBUYMAユーザー様までを敵に回すことになると覚えておきましょう。

買付力はあるか？

ブランド物の特徴をよくご存知のハイエンド層の方や特にレアなアイテムを探している人は、買付力があるバイヤーさんなのかを見ています。

アカウントのお知らせ欄、自己紹介欄は、特に目立つ最初の数行の文章に「世界○○か国で買付できる旨を必ず明記しておくようにしましょう。お問合せ対応にも、しつこいぐらい「世界○○か国でお探ししたところ」とかいう文章を必ず入れてテンプレートを作成しておきます。

そうすると、その対応等を見たBUYMAのユーザー様が、この人は買付力があるようだから探してもらおうとなることが多くあります。この○○か国はかなり大袈裟でいいので少しでも多く魅せるようにしてください。

コピペ感が丸出しの返答になっていないか？

僕もお客様対応には、ほとんどBUYMAで設定できるテンプレートを事前に設定しておいて、それを返しているだけですが、最初の一言二言は必ず何か入れるようにしています。

例えば、それは、その商品に合ったおすすめのポイントであったり、その商品をお客様が手にした後のことを想像していただけるような内容です。特に、評価に対する返信には、テンプレートが設定できないので、丁寧な返信をできるだけ素早くすることを強くおすすめいたします。

重要なことなので何度でも言いますが、それを見ている人は当事者である相手1人だけでないことを常に意識して〝魅せる〟対応を心がけていきましょう。

とくに気をつけるべきポイントは？

最初の数行しか読まない人が多いので、冒頭は、挨拶の言葉でなく、一番重要な文章にすべきです。

例えば、報告とかでも、結論から述べることが大切です。したがって、BUYMAを始めたばかりの人は、バイヤーとしての実績をアピールするような1文を盛り込むようにします。

僕の場合は、「世界の○○か国をお探し」とか、買付のアピールを入れていました。これだと、売上の実績が乏しくても、バイヤーとしての活動を積んできた人なんだと安心感を与えることができると思ったからです。

素早い返答、丁寧な対応、そして買付力のさり気ないアピールを入れることで、BUYMAの実績がない段階でも、BUYMAの買い物慣れしたユーザー様に強い印象を残すことができると思いますよ！

第3章

「BUYMA無在庫販売」で稼げる人・稼げない人

・BUYMA無在庫販売で稼ぐための3つのステップ

かける時間が短い人ほど時間の使い方は上手い

ＢＵＹＭＡ無在庫販売の正しい手法、豊富な在庫量を背景にした「直営店買付」が、令和の時代にこれからＢＵＹＭＡに参入する初心者の人には一番再現性が高いノウハウです。しかし、結果が出るまでにかかる時間には個人差が出てしまうことも事実です。

例えば、普通のサラリーマンレベルの月収となる月商２００万円代に到達するのにどれぐらいの時間が必要なのか？

ちなみに、僕は、２０１７年の初挑戦では4か月かかりました。ことし令和2年に検証として開設したアカウントでも4か月ですが、途中コロナの影響がなければもっと早かったと思います。

僕のコンサル生を例に挙げると、早い人では2か月目で達成している人もいれば6か月近くかかってしまった人もいます。

この差は、本章でご案内する3つのステップを正しく理解して実践できているのかによります。ＢＵＹＭＡの作業に割いている時間が長いとか短いという単純なことではありません。逆に、作業に掛ける時間が短い人ほど上手く時間を使っている印象です。詳しく説明していきますので、正しく理解してから実行していただければ幸いです。

・【ステップ1・出品力】～〝数〟が〝質〟をも凌駕する刻

出品は回転させて鮮度を保つ

ブランド品の価値とは、1つは「希少性」だと前にも述べました。基本的には、同じデザインの商品がずっと在庫復活を繰り返しながら売り続けられているわけではありません。

つまり、BUYMAにおける出品も、個人アカウントの上限である5000件の出品をしたら終わりということではないのです。言い換えると、常に5000件の出品数を維持できる出品の仕組みを構築して繰り返していきます。

僕は、コンサル生には、自分の出品する商品を選ぶとか販売価格を比較するとかいう意味でのリサーチは一切必要ないと教えており、自分自身でもそのやり方で結果を出し続けています。

それは、この出品力という確かな土台が構築されているからこそなんです。目安としては、月に1000件以上の出品を目指します。そして、4～5か月後に1000件ずつ削除して新しい出品に入れ替えていくようなイメージです。

実際には、もっと速い回転でやっていますが、最低でもこれぐらいを目標にしています。

出品は、回転させて新しい状態に保つ、つまり出品も鮮度を保つことが重要です。一見、大変な作業のように思えますが、実は、この仕組みを構築することのほうが数か月後にはずっと楽になります。その理由もこれから詳しく解説していきます。

どっちが楽？　リサーチ漬けvs出品力

例えば、リサーチ漬けで厳選した出品を５００件したとします。それも永遠と販売され続ける商品ではありませんから、入れ替えていかなければいけません。そうなれば、リサーチ漬けという作業を永遠と繰り返していく必要があります。

しかし、リサーチもせずに、適当に出品されていく仕組みを構築して、常に４０００〜５０００件の出品が自分のアカウントに出品されていく状態はいかがでしょうか。自分でやることは、外注さんとお客様の対応をメールでやり取りするだけです。

いろいろな考え方があるとは思いますが、僕はどう考えても半自動で出品されていくほうがずっと楽ですし、実際にＢＵＹＭＡで稼ぎ続けることができて、モチベーションの維持にも貢献してくれます。

よく僕のコンサル生やメルマガ等の読者様から、「リサーチ漬けの毎日に疲れました」と連絡をいただきますが、ビジネスはモチベーションが下がれば当然、収益も下がっていくものです。ましてやリサーチ漬けの毎日で結果が出ていないなら、本末転倒です。

僕は、外注さんと楽しくＢＵＹＭＡ無在庫販売をやっていますので、モチベーションが下がることもありません。

正しい出品方法を僕が身につけるまでに5件ぐらいしか出品していません。そのときに出品作業を動画に撮っておいて、その動画を出品の外注さんに見せて覚えてもらっているので質問もそれほど多くありません。結果、僕がこれまでに自分で出品したのは確実に10件以内です。どちらが楽にＢＵＹＭＡで稼ぎ続けるために有利かは、これ以上の説明は不要ですよね。

出品方法の質は、高める必要は当然ありますが、出品する商品の質まで厳選する必要はありません。既に洗練されたハイブランド品を扱うわけですから、公式サイトに掲載されている上から順番に出品をしていけば勝手に新着から出品されていきます。

ブランド物は、どれが売れるかよりも、誰から買うのか、それが一番大切な要素です。どれが売れるか探し続けるよりも、誰から買うのかに選ばれるアカウントの世界観の構築に全労力を割いていきましょう。

出品のメンテナンス方法について

ＢＵＹＭＡを始めたばかりの頃は、特に買付成功率には気をつけておきましょう。最近では、買付成功率が著しく低いことが原因でＢＵＹＭＡからペナルティーを受けたという話はほとんど聞きませんが、そういう可能性もありますので、出品の鮮度を保つためのメンテナンス方法について解説致します。

出品を進めていくと、ＢＵＹＭＡから毎日お昼頃に、カートに追加された商品と、ほしいもの登録された商品のお知らせがメールで届きます。この商品は、売れる可能性が高い商品なので、小まめに在庫確認をしておきましょう。

ルイヴィトンなら、公式サイトのMAPで店舗の在庫確認もできますので、明らかに在庫がなさそうな商品の出品は削除していきます。他にも自分の出品した商品ページを人気順で並べることもできますので、最初のうちは小まめに確認をして、出品のメンテナンスをしておくことで出品の鮮度が保たれます。

・【ステップ2・対応力】～BUYMA無在庫販売は接客業である

即レスが信用を築き、お客様をホールドする！

このステップも、BUYMA無在庫販売で稼ぎ続けるためには非常に重要になってきます。とはいえ、出品力が構築されれば、お問合せや受注といったお客様の対応をする場面は自然と増えていきますので、正しい姿勢を最初に覚えておけば、勝手に経験値は上がっていきます。

特に、お問合せ対応では、最初の返答の素早さと丁寧さ、そして他のバイヤーさんとは違う何か一言を添えることを心がけてください。その一言とは、その商品を手にした場面を想像させてあげることです。

ここまでの章においても、お客様対応の重要性は何度もお伝えしてきましたが、この章ではより詳しくお客様対応について解説していきます。

できるバイヤーは対応で魅せる！

これまでの章でも触れてきましたが、令和のＢＵＹＭＡ無在庫販売において非常に重要なポイントとなるので改めて解説させていただきます。

ＢＵＹＭＡでは、出品ページに入るお問合せ段階のお客様とのやり取りと評価に対する返信は、すべてのユーザー様に公開されています。つまり、ここでのやり取りが雑だったり、返答が非常に遅かったりすると、それを見た他のユーザー様が数十万円もする大切なお買い物をそのバイヤーさんにお願いしようと思うでしょうか。

総合評価の数字はよくても、人間性で悪い印象を与えてしまえば、ＢＵＹＭＡでのお買い物を楽しみたい人たちは、そのバイヤーさんに任せようとは思いません。ハイブランドの商品は、単にそのアイテムが手に入ればいいということではないのです。そのアイテムを手に入れるプロセスも含めて楽しませてあげることが重要です。

そういうお客様は、ＢＵＹＭＡの仕組みは熟知しています。現地とのやり取り等で多少時間がかかることも承知済みの人が多いです。しかし、お問合せに対する最初の返答は出品者のさじ加減でどうにかなる部分です。副業でＢＵＹＭＡやっている人も多いとは思いますが、そこはどうにか素早く対応してあげてください。

僕のコンサル生で結果を早く出す人は、返事も早くできるように工夫しています。スマホでもBUYMAからのメール受信ができるようにしておくのは当然ですが、お問合せ対応のテンプレートの設定をしっかりとしておいて、仕事中でもトイレに駆け込んで即レスしています。

BUYMAでお買い物を楽しむ人は、基本的に忙しい人が多いですから、返事が早いことで安心して任せようと感じてくれますし、お問合せ対応のやり取り見て返事が早い人だと判断もできます。

前章でも少し触れましたが、お問合せや評価に対する返信は、相手が1人ではなく、BUYMA全ユーザーと思って「魅せる対応」を常に心がけてください。

評価で「不満」をもらったら

滅多にないことですが、BUYMAでも稀に理不尽な評価をしてくる人はいるようです。そんな場合でも、相手はその理不尽な評価をした人と思わず、その返信内容を目にする他のBUYMA全ユーザー様に向けて返信をするように心がけてください。

ここで反論したり、自分が思う正論を強く主張したり、嫌味を書いたりしている人がほとんどですが、それはこれからBUYMA無在庫販売に参入する人が令和の時代にやるべき手法ではありません。

理不尽な「不満」の評価でも、自分の悪い点を絞り出して謝罪をしておきましょう。例えば、ちゃんと説明していても相手に伝わっていなければ、説明不足だったとして謝罪をします。そうすれば、本来、悪い印象であるはずの「不満」の評価を目にする他のＢＵＹＭＡユーザー様にはよい印象を与えてしまうこともできます。

逆に、こちらに不手際があってトラブってしまったような案件でも、出品者のよい部分だけを見て評価してくれるお客様もＢＵＹＭＡには多くいます。そういう人たちに対して理不尽な評価であっても「魅せる」対応を心がけてください。

あくまでも最終手段ですが

ＢＵＹＭＡのホームページには、「評価は、公平性を保つために、評価をした側からの要請でないと変更の依頼には応じない」とあります。しかし、「明らかに事実と異なる場合等は、確認の上で対処する」とも明記されています。

僕は、複数のアカウントを規約守った上で運営してきて、そろそろ累計の評価数は１０００件ほどになりますが、まだ「不満」の評価は1度だけしかいただいたことがありません。

この「不満」の評価は、結論から言うと、噂を検証するためＢＵＹＭＡ事務局に削除の依頼を出してみて直ぐに削除していただきました。どうして「不満」の評価になったかというと、税関で止められてしまったからです。

これは、明らかに僕の責任ではありませんでしたが、こういうときのお客様はズルくて、「不満」の評価だけして理由等は一切書いてくれませんでした。しかし、ＢＵＹＭＡ事務局に経緯を説明して削除の依頼を出すと、お客様とのお問合せのやり取りの内容を確認してくれたようです。お客様からのお問合せには、税関で止められるなんて本物とは思えないから返品してくれとか滅茶苦茶な内容でした。当然、直営店で買付した正真正銘の本物ですし、そんな正規品でも税関で止められることは稀にあります。そして、僕は買付先のレシート画像も提出しています。その上での「不満」の評価だったので、ＢＵＹＭＡ事務局が削除に応じてくれたようでした。

それでも「不満」の評価は素直に受け入れるべき

僕のケースは、「不満」の評価に対するお客様からの理不尽なコメントがなかったので、単に他のユーザー様に悪い印象を与えるだけでしたし、ＢＵＹＭＡ事務局に依頼をすれば削除してくれることもあるという噂も、ＢＵＹＭＡ無在庫販売を教える立場として検証しておきたかったこともありました。

しかし、本来であれば、悪い評価に対しても真摯に向き合う姿勢を示したほうが、他のユーザー様にはよい印象となることが多いですので、削除してもらうのではなく、そのような理不尽な「不満」の評価に対しても真摯に向き合うことを強くおすすめいたします。

前章でも述べましたが、これだけ出品者に有利なルールでビジネスをできる環境は他にはないのですから、その中でＢＵＹＭＡには極力、迷惑をかけないように活動するほうが得策ではないでしょうか。

・【ステップ3・買付力】～世界中にある買付ネットワークを魅せる

買付国の多様化で選択肢を増やす

ヨーロッパブランドは、基本的にはヨーロッパ（ユーロ圏）で買うのが一番安いと前章でも述べました。また、在庫量が一番多いのもヨーロッパではあるのですが、それはBUYMAやっているバイヤーさんなら誰でも知っています。したがって、仕庫が切れるのもヨーロッパが一番早い傾向にあります。では、どうすればいいのか。

ユーロ圏で買い付けることしか想定していなければそれまでなのですが、そこで必要になってくるのが「高値売り」ノウハウということです。販売価格がヨーロッパの定価より高くなるのは当然ですが、日本の公式販売価格よりも高く販売する必要があるときも出てきます。逆に言えば、ヨーロッパブランドの公式販売価格が高い国にはレアなアイテムの在庫が残っていることが多いので、高値売りノウハウが身につけば、それだけビジネスチャンスも広がるのです。

本書を読んで〝本当の高値売り〟を知っていただいたなら、BUYMA無在庫販売の最終段階のステップで問われるのは「買付力」になります。

ルイヴィトンの在庫が残りやすいアジア圏の国々（香港、韓国、シンガポール）やアジア圏の国々よりもルイヴィトンの販売価格が高いブラジル、アメリカ、カナダ等が、レアなアイテムの在庫が残っていることが多いです。

※アメリカやカナダは、州によって消費税率が異なります。現地のオンライン在庫を買付できる場合は、アメリカオレゴン州（0％）、カナダアルバータ州（5％）から購入するのがおすすめです。

買付国が多いだけが買付力ではない！

在庫確認を具体的に解説すると、ほとんどの場合は、その国または地域のカスタマーサポートに電話して在庫確認をしてもらいます。その際、カスタマーサポートでは、システムに登録された在庫状況を確認して教えてくれます。それは、ルイヴィトンであれば、自分で公式サイトのMAPで店舗在庫を確認するのと結果は変わりません。

しかし、1度でも買付をすれば、担当者の連絡先とかを聞くことができるので、現地ではなるべく店舗担当者と直接コンタクトを取れるように指示をしておきましょう。キャンセルや入荷されたばかりで、まだシステムに登録されていない在庫が店舗にはあることも多いので、確実に買付力は高くなります。

また、完売後も、日本とかフランスのように在庫が復活しやすい国もあるので、受注が確定している場合は特に諦めず探してみることも重要です。とくにフランスでは、常に複数の買付パートナー様を見つけておいて、在庫確認の際は全員にしてもらうようにしてみてください。少し諸経費（1商品100円）がかかりますが、確実に買付成功率が上がるので、費用対効果で考えてみても一撃で取り戻すことができるレベルです。

在庫復活が爆益を生む

これは、僕が実際にＢＵＹＭＡ無在庫販売で経験した逸話になります。当然、この爆益を生んだ案件というのは、単に高い商品が売れたということではなくて、高値売りのノウハウを駆使した結果によるものです。そして、在庫復活からのタイミングで爆益を生み出すことが何度かあったのは、偶然ではありません。

在庫復活するタイミングというのは、逆に言えば、在庫が完売しかかっているタイミングということです。こんなときは、ＢＵＹＭＡではレアなアイテムがどうしても欲しいというお客様があちこちにお問合せをしまくっていたりします。こんなときにこそ、前章でお伝えした買付国のアピールが活きてくるのです。

ブランド物というのは、10人欲しい人がいたとしたら10人分の在庫なんて用意しませんから、それを知っているお客様は必死です。こんなタイミングで「世界○○か国で買付」しているとかいうフレーズを思い出して、どうしても探してほしいという依頼が来たりするのです。

当然、お客様としては、実績のあるバイヤーさんからお問合せをしていく傾向にありますが、実績のあるバイヤーさんはヨーロッパ在庫だけで十分ビジネスが成立していますから、わざわざ公式販売価格がヨーロッパよりもかなり高額な他の国での在庫確保なんて視野に入っていません。そこで、高値売りバイヤーの出番というわけです。

お客様としては、実績のありそうなアカウントには問合せを入れて、「在庫なし」とたらい回しのような状態で僕たちのアカウントにダメ元でお問合せをしてくるのです。

そこで、「世界に1つだけの在庫」が確認できましたと囁きます。人は、断られれば断れるほど欲しいという気持ちは膨らんでいきます。もう後は利益が十分に出る販売価格でご提案するだけです。

もちろん、断られてしまったり、無視されてしまうこともあるのですが、それ以上に大きな利益を生んでくれることも何度もあります。そんな正しい高値売りのノウハウから爆益を生んだ僕の代表的な案件も、後ほど詳しくご案内させていただきます。

・【よくある失敗例①】～人真似は飽和する

商品情報のリサーチに溺れる！


BUYMA系のメルマガやブログ等を読むと、誰もが「リサーチが超！　重要」と書いていますが、それは本当でしょうか。BUYMAで稼ぎ続けている僕のコンサル生も僕自身も、そういう意味においてのリサーチは一切やっていません。

リサーチとは何なのか。これを具体的に解説すると、要するに自分のアカウントに出品する人気アイテムを調べることです。また、他のバイヤーさんの販売価格を調べる場合もあるようです。だとすれば、ここまで僕が書いてきた内容を読んでくれた人なら、そのようなリサーチ作業は一切必要ないことがわかるはずです。

人気アイテムなら出品すれば誰でも売れる、安ければ誰でも売れるの等々…。ＢＵＹＭＡ無在庫販売で扱うハイブランド品の正しい扱い方は、そんな薄っぺらなものではありません。ちゃんとお客様と向き合って、信頼されるアカウントに育てていくことが大切です。

最初の段階では、特にそれが重要なので、逆にリサーチなんて無駄なことに時間を費やしている場合ではありません。

リサーチしたときは、素晴らしく輝いて見えたアイテムも、自分のアカウントに出品して売れた頃には完売している…。まだ売れたならいいほうですが、こんなことを何度も繰り返している内にＢＵＹＭＡを大嫌いになってしまう人が後を絶ちません。そんな人を減らしたいと思って、今回の執筆したと言っても過言ではないのです。

ＢＵＹＭＡ無在庫販売には、いろいろなノウハウがあり、中には僕のような低スペックな人でもわずか６か月ほどで人生が変わってしまうような再現性が高く、また楽しく継続していける手法もＢＵＹＭＡ無在庫販売にはあるのです。

仮に現在リサーチ漬けの毎日になっているならば、直ぐに止めて、出品力、対応力、そして買付力にフォーカスしていきましょう！

・【よくある失敗例②】～安売り市場は飽和する

価格競争に巻き込まれる

「安く仕入れて高く売る！」――これが物販の原則ではありますが、そんな市場は上級者バイヤーさんの熾烈な戦いの場であって、もうとっくに飽和しています。現時点で辛うじて残された楽園がひっそりとあったとしても、それも時間の問題です。

リサーチをして真似していくというノウハウが蔓延している以上は、そうなってしまうことは誰の目にも明白なはずです。

令和の時代にＢＵＹＭＡ無在庫販売を始める新人バイヤーさんには、「高いものは高いまま仕入れて、もっと高くＢＵＹＭＡで販売する」という高値売りノウハウを身につけてしまうことを強くおすすめいたします。

そのノウハウでは、自分のＢＵＹＭＡアカウントを育てていくことが重要なポイントですので、同じ手法を他の人が後から真似ても同じ結果には育ちません。同じことをやっても違う印象になることは、人がやる以上は当然のことです。

しかし、目的地が明確であれば、消化する時間に個人差はあれ、同じような場所に必ず辿り着くのです。９割以上の人が、他の人より安く仕入れて、他の人より安く売ろうと熾烈な激戦を繰り広げている市場に、令和の時代にわざわざ手ぶらのような初心者が踏み込むことはないと思いませんか。まさに自殺行為とも言える大胆過ぎる行動です。

・【よくある失敗例③】～飽和しない市場で一点集中

手を広げ過ぎてどれも身につかない！

よく「セレクトショップ、直営店、卸買付と全部教えます！」なんて胡散臭いコンテンツを見かけますが、令和の時代に最短最速でＢＵＹＭＡで結果を出したいなら一点集中することを強くおすすめいたします。

これは、弱者の戦略といって、最初から強者と戦う場合は、弱者にとって有利なポイントを１つだけでも見つけて、その一点を集中で攻めるべきという考え方です。これは、勝負に勝つための原則論で、ビジネスでも広く応用されるロジックですが、それを理解できていない人が多く、沢山攻める材料があったほうがよさげに見えてしまうようです。

広域戦は、強いほうがとるべき戦略で、令和の時代にＢＵＹＭＡを始める人には間違いなく向いていない戦法になります。

僕は、コンサル生には「直営店買付」しか教えていませんし、僕自身もそれだけで稼ぎ続けています。その「直営店買付」でも、いくつかの攻め方があるので、その人のカード枠等の資金的な予算や、置かれている環境に応じて、1つひとつ進めさせています。

BUYMAの中では格下の存在でも、例えば、ルイヴィトンのアクセサリーのカテゴリーの中のパフォーマンス力では負けていないように、1つずつ攻略するのが初心者の正しい戦い方です。

それに、まだ何もわからない人にとっては、「どっちでもいい」とか、「どれでも大丈夫」というのは一番困るパターンですよね。

例えば、「何食べたい？」と聞いた場合に、「何でもいい」と返答があると非常に困りませんか。特に、経験のない最初の段階では、何をどうやるべきなのかをハッキリと決めて指示をしてほしいと思うはずです。

それなら、令和の時代にBUYMA無在庫販売を始めるなら希少なブランド品の在庫量が一番豊富な「直営店買付」一択となるわけです。

なお、カード枠に余裕があるのであれば、中級編の「海外買付」から始めるのが、一番効率のよい進め方になります。

というのも、「海外買付」から始めれば、「国内買付」、「VAT抜直送」と、他のノウハウに最も応用が効くからです。

カード枠が100万円以上確保できるのならば、中級編の「海外買付」からBUYMA無在庫販売を開始しましょう！

第4章

「BUYMA無在庫販売」6か月で月商500万円をつくる方法

・最速最短で月商500万円をつくる直営店買付＋高値売り

人生はドライブ

令和の時代に、これから完全在宅、副業系のビジネスで、最速最短で月商500万円（月利100万円ほど）をつくるには、BUYMA無在庫販売『直営店買付』が最適です。

例えば、日本車で言えば、どんな車でも180キロまでしか速度は出ないわけですが、その180キロに到達するスピード感、乗り心地等は車種によって様々です。逆に言えば、どんな車でもいずれは180キロに到達するのかもしれませんが、その走りにスピード感、安定感、高級感等々……。人が求めるものもまた様々なのかもしれません。

僕自身が日本車に例えておいて何なんですが、BUYMA無在庫販売「直営店買付」はまさにイタリア車、フェラーリやランボルギーニです（笑）。

どんな車よりも最速で、そしてどんな車よりも格好よくアナタが目指す目的地に到達させてくれることでしょう。

アナタは、人生というドライブにどんな車で出かけてみたいですか。BUYMA無在庫販売「直送買付＋高値売り」は、単に速いだけでなく、抜群の安定感、そして高級感とすべてを兼ね備えたまさにハイブリッドです。

令和の時代は高く買って、もっと高く売る

ＢＵＹＭＡ無在庫販売を知る上で、ここは非常に重要なポイントなので改めて解説させていただきますが、ＢＵＹＭＡ無在庫販売にも様々な手法があります。そして、それらの手法は、過去のものだったりして完全に飽和しており、既に初心者が参入してもどうにもならない場合がほとんどです。

ブランド品を仕入れるには、大きく分けると2通りの仕入先があると前章でも述べました。そして、ほとんどのＢＵＹＭＡ出品者がわざわざ在庫量が少ないセレクトショップから仕入れる手法を実践しており、その市場は強力な資金力を持つ上級者バイヤーさんに独占されている状態です。

そこで、令和の時代にＢＵＹＭＡ無在庫販売を始める人には、世界中の豊富な在庫量を背景にした「直営店買付」から挑戦してみることをこの書籍でも強くおすすめしています。

その直営店買付では、基本的にはセレクトショップのＶＩＰ割引のような安売りは一切していません。その直営店で、高いまま（定価）で仕入れて、ＢＵＹＭＡでもっともっと高く販売するノウハウ「高値売り」だということになります。

そんな高値売りのテクニックを改めて詳しくご案内させていただきます。

令和の複業時代は複アカ運営で売上も倍増

ＢＵＹＭＡでも、1人の名義で開設できるアカウント数は当然1つまでです。しかし、お嫁さん、

ご両親、ご兄弟、お子様（18歳以上）等のご家族名義、また信頼できる外注さん名義で開設することには何ら問題はありません。ＩＰアドレスが同じであっても、それぞれの名義で銀行口座やメールアドレス等を用意すれば大丈夫です。

気をつけなくてはいけないのは、何か問題が生じてアカウントが停止になるような場合です。滅多にあることではありませんが、可能性はゼロとは言えないので、心配ならＩＰアドレスはアカウントごとに分けて運営してください。ポケットＷＩＦＩや仮想サーバー等を利用している人もいると聞いています。

同じコンセプトでは芸がない！　それぞれのアカウントを使い分ける手法

ＢＵＹＭＡ無在庫販売は、少し強引に言い換えれば定置網漁のようなものです。その網は、大きいほうが有利なことは言うまでもありませんが、同じ網ばかりあっても単に分散してしまうだけかもしれません。様々なコンセプトで、アカウント運営をしてみましょう。

前章では、直営店買付にも大きく分けると3つの手法があると述べました。海外買付、国内買付、ＶＡＴ抜き直送の3大技法です。

これだけでも3つの異なるアカウントが構築できますし、何かのブランドやカテゴリーに特化した専門店的なアカウントをつくってみるのも面白いですよね。

ルイヴィトン専門店みたいなアカウントを見たことがありますが、しっかりと販売数等の実績もありました。これは、大手に対抗する手段としても有効だと証明されたマーケティング手法なので、ＢＵＹＭＡ無在庫販売においても当然有効となりますし、そもそも専門店の売り方こそがブランド力でもありますよね。

また、カード枠等、資金的な予算が寂しい段階では、商品単価の低いキッズ商品専門店とか、アクセサリー等に特化した専門店も面白そうだと思います。

逆に、資金的な余裕があれば、高級ブランドの腕時計専門店なんてやってみたいです。

人は、それぞれのアンテナを持っていますので、どんな訴求が刺さるかも人それぞれです。そして、訴求とは、尖っていればいるほど深く人の心に刺さるのです。その訴求を鋭く尖らす方法こそが〝一点集中という弱者の戦略〟に紐づいていきます。

・資金の源「クレジットカード」を制する

日本から現地直営店でカード決済できるの？

この項では、クレジットカードの支払いのサイクルがどうとか、どこにでも書いてあるようなつまらない内容は割愛させていただきます。他のＢＵＹＭＡブログや書籍等で明かされていない、本当の資金ゼロから始めるクレジットカードの活用術を詳しくご案内させていただきます。

本書を読んでくれている読者の方も、最初はクレジットカードで現地買付をしたいはずです。

ついこの間（2020年春頃）のことですが、僕の公式LINEのほうにこんなお問合せがありました。「雅さんではない他のコンサルタントから直営店買付を習っていますが、現地の直営店でクレジットカードの決済を日本からする方法がないと言われたが本当ですか？」という内容の質問です。

間違ってはいませんが、正解とも言えません。つまり、直接決済できなくても、クレジットカードで決済する方法はあるということです。

そのときは、少し意地悪だったかもしれませんが、「そのコンサルタントが現地直営店買付を教えている人なら、3つぐらいは方法を知っているはずなので聞いてみてください」とお伝えしました。

その3つの方法とは何でしょうか。詳しく解説していきますので覚えておきましょう。

ペイパル決済

前章でも少しだけ触れましたが、一番ポピュラーな方法がこれです。現地の買付パートナー様の協力が必要なので、事前にご了承を得ておく必要がありますが、ペイパルにて請求書を発行していただき、その請求に対してペイパルに登録したクレジットカードで決済する方法になります。手数料が少しかかるので、価格算出時に上乗せしておきましょう！

また、着金が少し遅いので、事前に決済した時点で買付をお願いできないか？　買付パートナー様に確認をとっておきましょう。買付が成立しないとお互いに収入には繋がらないので、お願いをすれば対応してくれる人は多いです。

複製カードを渡す

通常のクレジットカードなら家族カードということになるので、名義は家族に限定されますが、ビジネス系のクレジットカードならば、例えば買付パートナー様の名義で複製を発行することが可能です。もちろん、信頼関係が構築されてから、身分証や契約書を交わした上でお渡しすることをおすすめします。

買付需要の高い国のパートナー様になると、複数のＢＵＹＭＡ出品者からクレジットカードを渡されている人も多くいるので、僕のカードだけ使い込んでしまうことも考えにくいことです。僕は4枚つくれる複数のカードをすべて現地のパートナー様に預けております。

※おすすめのビジネスカードをご紹介してほしい人は、読者様特典のお問合せ先である僕の公式LINEのほうにご連絡ください。

カード決済できるよう事前に交渉しておく

これは、すべてのブランドで使えるわけではありませんが、ＶＡＴ抜き直送をしてくれるブランドの担当者には、事前に交渉をしておきましょう。最初から決済リンクをメールで送ってくれる場合もありますし、○○○ユーロ以上のお取引後ならＯＫとか条件を言ってくれる人もいます。もちろん、現地ヨーロッパの直営店においてのお話です。

・高値売りバイヤーの矜持

他の人が再現、応用できるものがノウハウ

高値売りには、人によって様々な定義があると前章でも述べました。しかし、原則的な部分が曖昧だと、それはノウハウとして成立していません。

ノウハウとは、違う人がチャレンジしてみても再現できないと意味がないのです。僕がこの書籍でおすすめしている高値売りの定義とは、直営店で高いまま（定価）仕入れても、ＢＵＹＭＡでもっともっと高く販売できるノウハウになります。

この原則的な部分が明確であれば、身につけたときに大抵のことは応用が利くのです。例えば、ユーロ圏とか安い国の在庫が用意できなくても、レアな人気アイテムの在庫が残りやすい販売価格が高い国から仕入れればいいのです。

これが、たまたま5万円の利益が出たから高値売りということであれば、他の人が再現、また応用できない事例になりますよね。幸運まで参考にして再現、応用することはできないのです。

まず、自分のアカウントでどれだけその高級ブランドを扱うのに相応しい世界観が演出できてい

るのか。その世界観とは細部へのこだわりが１つのメッセージとなるように統一感があってこそ活きてくるので、コンセプト設計も重要な要素になります。とことん細部にこだわったアカウントを創り上げていきましょう。

ＢＵＹＭＡプロフィール設定の好きな〇〇〇

ＢＵＹＭＡのプロフィール設定画面で好きなものを３つ選択ができますが、案外ここをいい加減な設定をしている人が多いです。ここは、個人の趣味趣向をアピールするのではなく、高値売りバイヤーとして相応しいものを選択してください。

映画・スポーツ・音楽・食べ物・ブランド・雑誌・アウトドア・観光地・アート・習い事・本・漫画・ＴＶ番組・有名人・ゲーム・ホームページ・ギャンブル・ペット・言葉・休日の過ごし方

この中から３つ選択して、全角50字、半角１００字以内で好きな言葉を入力できます。

もう何が言いたいか想像はつくとは思いますが、決して大喜利ではありませんが、ここで何を選び、何と書くのかは、非常にセンスが問われるところです。

ここで、好きな漫画やゲーム、ＴＶ番組を選択してみたり、ギャンブルを選択してパチンコ、競馬、競輪、ボートレースとか個人的な趣味をアピールしても何の意味もないどころか、ラグジュアリーな世界観が一撃で吹き飛びます（笑）。

例えば、〝言葉〟を選択して、ココシャネルの有名な名言を引用してもいいですし、前章でも書きましたが観光地を選択してフランスではなく、パリ○○区と一捻りしてみるのもお洒落です。

この細部へのこだわりこそが、アカウント構築の仕上げになると言っても過言ではありません。令和の時代のＢＵＹＭＡ戦略は、とことんこだわって差別化、個性をウリとしていかなければ生き残れません。人真似、リサーチ漬けのＢＵＹＭＡ無在庫販売からは、そろそろ卒業してみませんか。

・外注化でルーティンを高速回転

令和は在宅需要が非常に高い

ここまでご案内させていただきましたノウハウは、もちろん1人でもできることです。中には1人で1か月、１０００件の出品を納品してくれる凄腕の外注さんもいますので、やろうと思えば不可能ではありませんし、安価なＢＵＹＭＡ自動出品ツールも特典配布の公式LINEのほうにご連絡いただければご紹介させていただきます。

しかし、副業や子育て中の人がやるには、やはり現実的ではありませんし、外注化はビジネスでは、とても様々なシーンで応用の利くスキルです。

稼げてから外注化するという人もいますが、僕は、稼ぐため、稼ぎ続ける仕組みを構築するためにも、最初から外注化をしていくことを強く推奨いたします。

自分で出品してみるととても割に合わない作業だということがわかりますが、それは人それぞれ捉え方も違うものです。僕のアカウントで出品をしてくれている外注さんの中には、この出品作業でしか収入がない人もいますし、お洒落な世界観に触れているだけでワクワクすると言ってやってくれる人もいます。子育て等で外には出られない人も多いですし、コロナの影響でさらに在宅需要が高まっているので、この波に乗って一気に出品力という確かな土台を少しでも早い段階で構築してしまいましょう！

・リサーチは一切不要

重要なことは何度でも

これもＢＵＹＭＡ無在庫販売を正しく理解する上で非常に重要なポイントなので、しつこく、詳しく、具体的に、ご案内させていただきますが、自分のアカウントに出品するための商品を探すとか、販売価格を比較するといった一般的な理由のリサーチであれば、本当に無駄な作業でしかないので、令和の時代には一切不要です。

もちろん、それは在庫量が豊富な直営店買付に限定されるロジックかもしれませんが、そんなリサーチ漬けになる時間があるのなら、出品数を増やすことに時間を割いてみてください。

例えば、ルイヴィトンの公式サイトから自分が出品しない商品のルールを決めて、他は全部出品するとします。タイミングにもよりますが、千数百件ほどになること思います。これは、本気で出品力にフォーカスすれば、1か月で完了するレベルです。

それなら、リサーチして出品する商品を選ぶのは無駄でしかありません。遅かれ早かれ結局は全部出品するわけですからね。

また、同じ国で仕入れているなら、全員が定価で仕入れるわけですから、販売価格の比較なんてそれこそ無意味です。中には、在庫を持ってしまったのか、損切的な感じで安くしている人もいるようですが、それこそ無視して大丈夫です。

高値売りバイヤーは販売価格など気にしない

僕は、他の出品者の販売価格をリサーチしたことなんて1度もありませんが、これまで何の問題もなくBUYMAで稼ぎ続けています。

他の出品者よりも数千円、時に数万円も販売価格が高くても売れるのが高値売りバイヤーであり、それが可能なのがBUYMA無在庫販売のよいところです。

在庫量が非常に限られた市場で、資金力のある上級者バイヤーさんと鎬を削るVIP安売りバイヤーさんでは難しいことでも、世界の豊富な在庫量を背景に無在庫販売を展開する高値売りバイヤーには、違う視点が必要だということです。

いずれにしても、在庫量が豊富な高値売りバイヤーのほうが有利なことは、言うまでもないことなのです。

第5章

「BUYMA無在庫販売」ケーススタディ

・再現性抜群！　ＢＵＹＭＡ無在庫販売必勝メソッド

その他大勢の中ではなく選ばれし１割側の中で稼ぐ

ＢＵＹＭＡの出品者の中で真の高値売りバイヤーは１割以下と言われていますが、当然、僕の周りは高値売りバイヤーばかりです（笑）。

そんな高値売りバイヤーの中には、過去の経験でＶＩＰ買付で撃沈、最安値ノウハウで惨敗、オンライン買付でＢＵＹＭＡ大嫌いになりかけた、卸案件に騙された等々、いろんな失敗談を聞いてきました。

しかし、今では直営店買付に移行して大成功している人ばかりです。

これだけ再現性が高い秘密は、無在庫販売にとっては「在庫量」が重要だと、ここまでの章でも詳しくご案内させていただきました。

そんな直営店買付、そして、高値売りで人生が変わってしまった僕のコンサル生のご紹介をさせていただきます。

それぞれのエピソードからも、現在ではＢＵＹＭＡで大成功している人のことが別次元の出来事ではなく、リアルな現実だと感じていただけると思いますので、是非、最後までお付合いいただければ幸いです。

・【ケース①】40代後半、子育て中の主婦Fさん

40代主婦のリアル

40代後半の主婦であるFさんは、もともと僕のアカウントで出品を担当する外注さんでした。２人の小さな子供がいて、日中のパート等はフルタイムで入ることができなくて、２０１８年当時の月収は数万円ほどだったと言っていました。

本人は、ガンガン働きたくても、小さな子供がいるとそれも叶いません。在宅で何かできないかと探していて、ＢＵＹＭＡの出品に辿り着いたとのことでした。

そんなＦさんとは、京都旅行に来ると言うので、大阪在住の僕が京都まで出かけてランチをしたことがあります。

２人の可愛い子供との生活とは裏腹に、切実な事情もあるようでした。２０１８年の夏頃の話ですが、僕もまだＢＵＹＭＡのコンサルティングをやり始めたばかりでしたので、ＦさんにもＢＵＹＭＡ無在庫販売をやらないかと声を掛けてはみました。しかし…。

４か月間も悩み決断

結局、Ｆさんから前向きな返事をいただいたのは、２０１８年の11月頃でした。コンサルティン

グ費用は高額ですから、当然と言えばそうなのですが、Ｆさんがそれほど行動力があるほうではないことがこのエピソードからもよくご理解いただけるかと思います。

しかし、Ｆさんの快進撃は、直ぐに始まるのでした。

年末は、僕も忙しかったので連絡がお互いに途絶えがちではありましたが、２０１９年明けに２０１８年の年末である12月の実績の報告がきて、Ｆさんブレイクの予感を感じるのです。

このときは、まだ月商ベースでは１００万円には届いておりませんでした。

２か月目で月商２００万円突破～大成功への福音

僕がＢＵＹＭＡ無在庫販売を開始して２か月目は月商30万円台でしたから、どれだけロケットスタートかご理解いただけるかと思います。

どうしてこれだけ結果が早いのか？

考えられる点は次の２つであると思っています。
・リサーチは一切させていません！
・もともとは僕のアカウントの出品の外注さん！
つまり、朝から晩までリサーチ漬けのような無駄なプロセスは一切介さずに、しかも僕のアカウントで正しい出品方法も身についた状態でスタートしています。

そりゃあ早いですよね！

【図表３　Ｆさんとのチャット①】

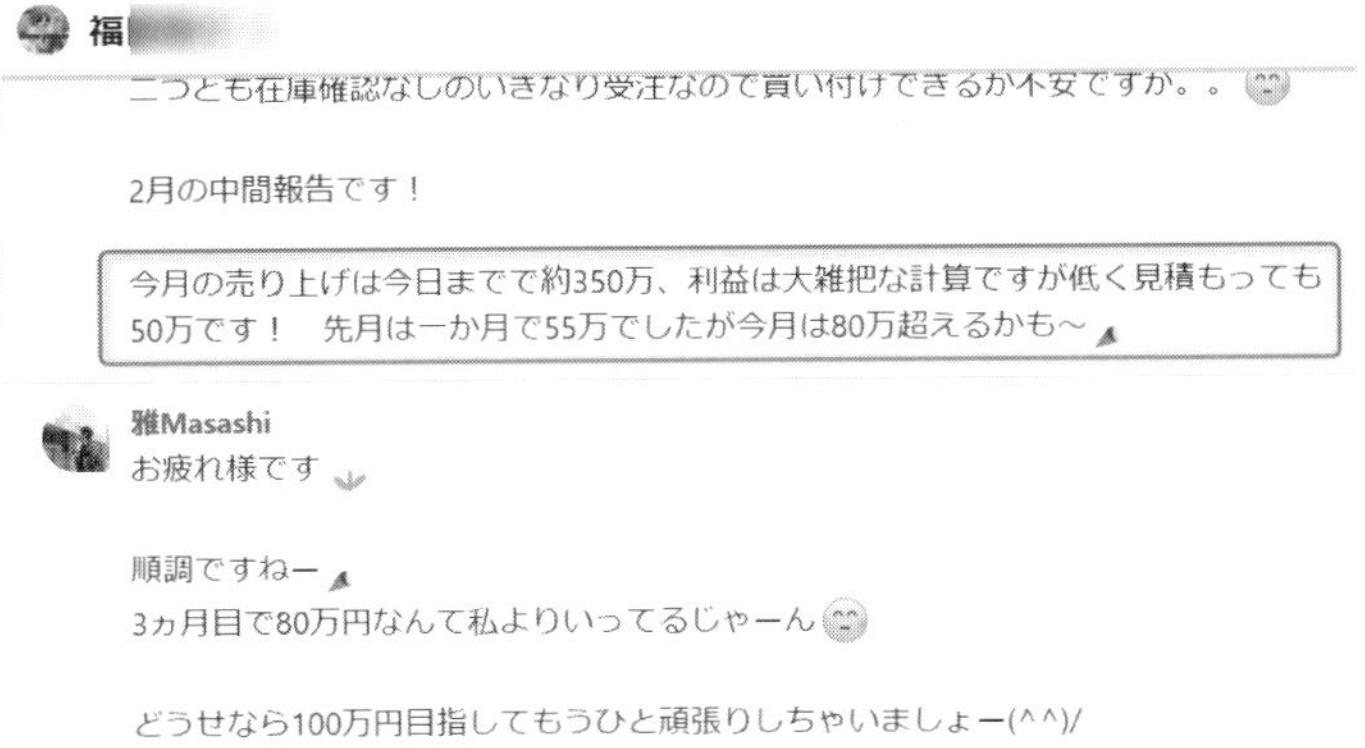
福
二つとも在庫確認なしのいきなり受注なので買い付けできるか不安ですが。。
2月の中間報告です！
今月の売り上げは今日までで約350万、利益は大雑把な計算ですが低く見積もっても50万です！　先月は一か月で55万でしたが今月は80万超えるかも～
雅Masashi
お疲れ様です
順調ですねー
3ヵ月目で80万円なんて私よりいってるじゃーん
どうせなら100万円目指してもうひと頑張りしちゃいましょー(^^)/

【図表４　Ｆさんとのチャット②】

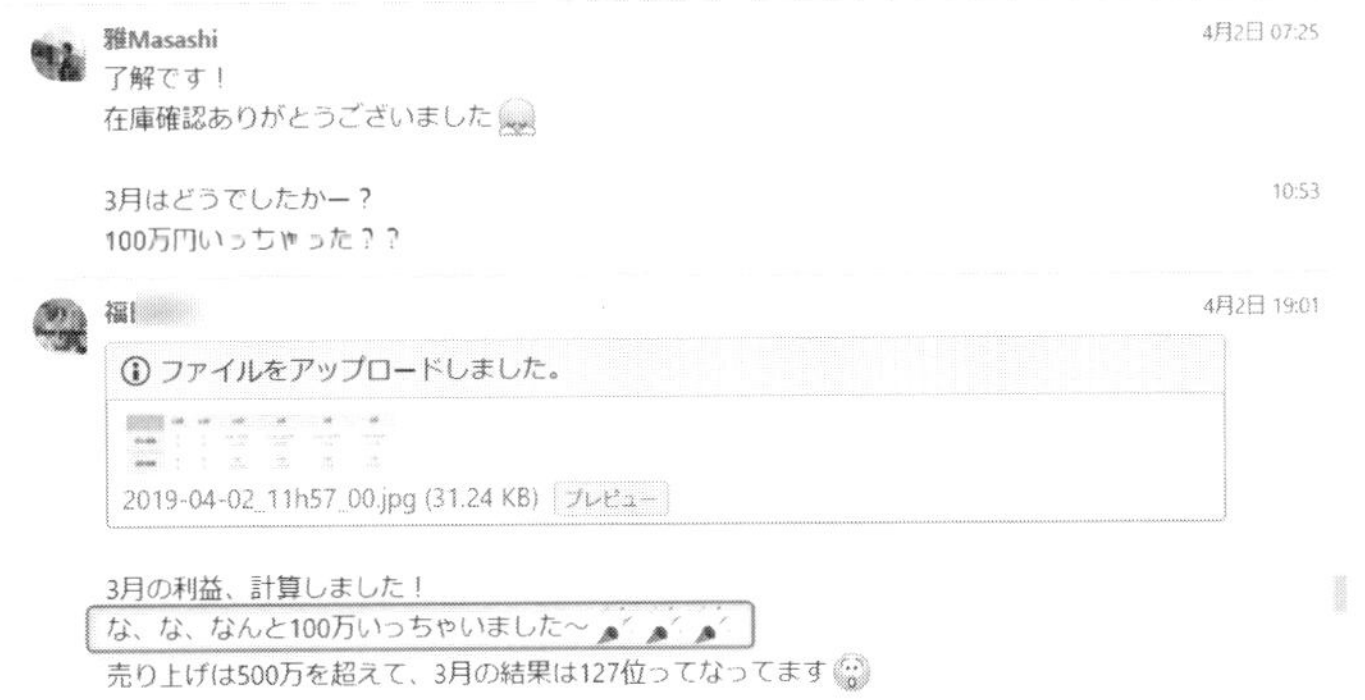
雅Masashi
4月2日 07:25
了解です！
在庫確認ありがとうございました
3月はどうでしたかー？
10:53
100万円いっちゃった？？
福
4月2日 19:01
ファイルをアップロードしました。
2019-04-02_11h57_00.jpg (31.24 KB)
プレビュー
3月の利益、計算しました！
な、な、なんと100万いっちゃいました～
売り上げは500万を超えて、3月の結果は127位ってなってます

３か月目、月商４００万円、４か月目で大台突破！

まず、副業系のビジネスで最初の段階の目標と言えば、月収１００万円突破ではないでしょうか。Ｆさんはわずか4か月目でそれを達成してしまったのでした。

Ｆさんの喜びようも、このチャットワークのやり取りからも見てとれるかと思います。

その後もコンスタン

【図表５　Ｆさんの売上実績①】

	1月	2月	3月	4月	5月	6月
売上金額	2,342,600円 459位	4,641,830円 142位	5,060,400円 127位	5,319,900円 110位	4,965,500円 116位	5,847,600円 84位
成約回数	29回 1,371位	50回 811位	55回 817位	45回 945位	54回 804位	64回 692位

トに月収１００万円を叩き出していきましたが、Ｆさんの人生が本当に変わったのだと感じたのはこの２０１９年５月のことでした。

５月だけは、ギリギリですが月商５００万円に届かず、利益ベースでも90万円台後半で僅かに１００万円には届きませんでした。

数か月前までは月収数万円台だった普通の主婦が、90万円以上もの利益を叩き出しているのに落ち込んでいたのです。凄い人生の変わりようですよね。

しかしＦさんの快進撃はここからだったのです。

【図表６　Ｆさんの売上実績②】

10月	11月	12月
8,944,100円 70位	8,341,385円 94位	17,316,790円 50位
120回 368位	110回 411位	232回 221位

２０１９年12月の破壊力！

ＢＵＹＭＡ無在庫販売では、これまで沢山の成功者を見てきましたが、ここまで突き抜けた人は見たことも聞いたこともありませんでした。

そんな僕のコンサル生Ｆさんの１年後は、１，７００万円もの売上を叩き出し、利益計算も３００万円を超えた辺りから忙しくてできていないと言います（笑）。

ここまでの数字を目指していた訳ではありませんでし

【図表７　Ｆさんとのチャット③】

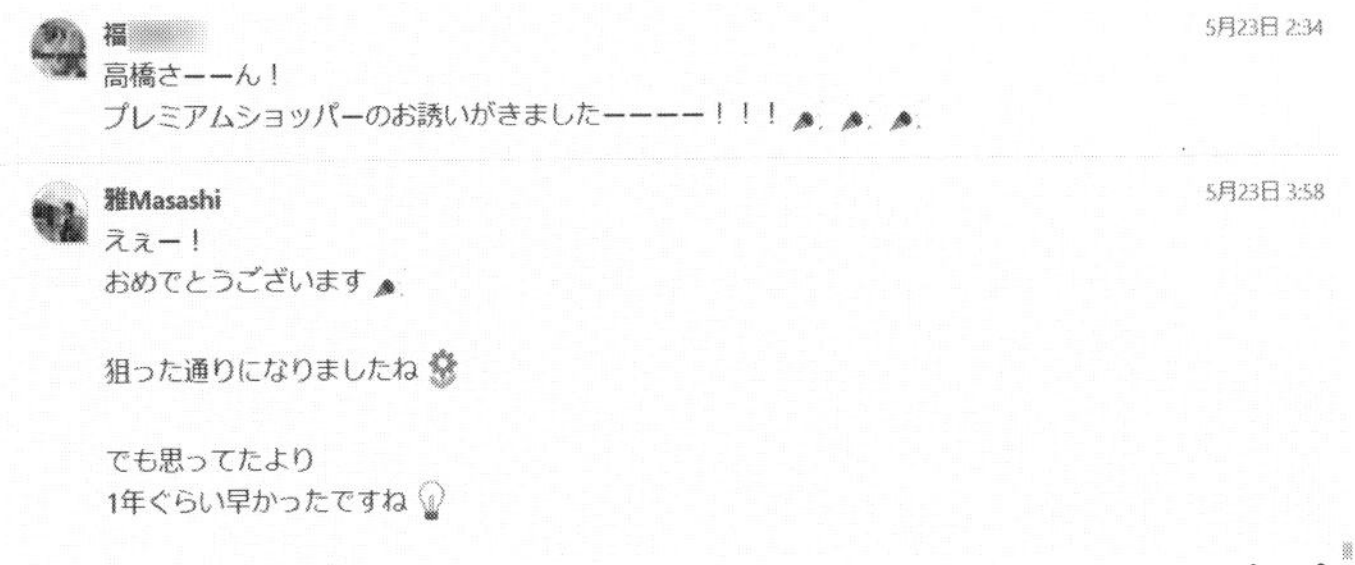
福
5月23日 2:34
高橋さーーん！
プレミアムショッパーのお誘いがきましたーーーー！！！
雅Masashi
5月23日 3:58
えぇー！
おめでとうございます
狙った通りになりましたね
でも思ってたより
1年ぐらい早かったですね

たが、僕とＦさんにはもう１つ密かに目指しているものがありました。それは、ＢＵＹＭＡパーソナルショッパーなら誰しもが憧れる最高ランク、プレミアムパーソナルショッパーです。

明確な選定基準も公開されておりませんが、既に昇格している人のお話を聞くと、２年ほどの実績が必要と耳にしていました。しかし、それはＢＵＹＭＡの出品者が令和の現在よりもずっと少なかった平成の時代、今から数年も前のお話です。今ならもう少し時間が必要だというのが一般的な通説でしたが…。

ＢＵＹＭＡ事務局からの特別なオファー

それは、令和２年５月のことです。ＦさんがＢＵＹＭＡを始めて実に１年半ぐらいのことでしたので本当に驚きました。このときは、僕自身のことよりも嬉しかったです。

ＢＵＹＭＡ無在庫販売、特に直営店買付には、これほどのサクセスストーリーが令和の現在でもあるのです。思えば４か月間も悩んでしまった期間は本当にもったいないことですよね！

このエピソードからも、Ｆさんが特別な能力を持ったスペックの高い人ではなく、むしろごく普通のその辺にいる主婦であることがご理解いただけるかと思います。

このお話は、ほんのつい最近の平成末期2018年から2020年の令和にかけてのリアルな事実です。この書籍を読んでくれている皆様が、今からBUYMA無在庫販売に1から参戦することが遅いなんてことはありません。

・【ケース②】50代後半、個人事業主Mさん

薄利多売からの脱却

Mさんは、人生においても、BUYMA出品者としても、僕なんかよりも経験値が豊富な大先輩でした。しかし、それまでMさんが実践していたBUYMA無在庫販売の手法は、今ではあまりおすすめできないノウハウとして有名な〝薄利多売〟という高値売りとは真逆の手法でした。

そんなMさんとの出会いは、僕の開催した無料セミナーでした。無料セミナーと言えば何かバックエンドとなる商品があることはお約束ですが、Mさんからは「何も買いませんが、セミナーに参加してもいいですか?」と、驚きのお問合せをいただきました。

このお問合せ内容からも、なかなかの強者であることが容易に想像できます。BUYMA無在庫販売でもずっと後輩でしたが、直営店買付をしていた僕のほうがBUYMAの実績では何歩もリードしていたようでした。

というのも、何も買わないと言ってセミナーに参加してくれていたMさんでしたが、結局はその場で僕のコンサルティングを受けることを決心したのでした。理由は、直営店買付、高値売りの魅力と、何よりも現地買付パートナー様を紹介するというBUYMA経験者にとっては非常に有難い貴重なコンテンツ内容だったからということでした。

経験というのは時に成長には邪魔になる

前出のFさんとは異なり、即断即決のMさんには、僕としても凄い期待をしていました。また、僕よりもBUYMA無在庫販売の経験値は豊富なわけですから、外注化の仕組みも既に出来上がっている状況からのスタートです。しかも、BUYMAパーソナルショッパーにおける実績とも言えるお客様からの評価数においては、僕のメインアカウントの数倍となる数百件もありました。

ここで1つ明らかになったのは、よく実績ができてからハイブランド品は扱うべきという僕以外の他のBUYMAコンサルタントの教えが大間違いだったということです。Mさんの結果は、僕が期待したようには簡単にいきませんでした。理由はいくつか考えられますが、1つは安い価格帯のブランド商品を何百件と販売した実績があっても、ハイブランド販売するための信用、信頼とはならないということです。

それどころか、BUYMA事務局に対してもそれは同じでした。というのも、BUYMAでは、モンクレールの出品は制限をされており、通説では『満足』の評価が100件になると出品申請が通ると聞いていました。僕は、『満足』100件の時点でBUYMA事務局に出品の申請をしてみて、あっさりとモンクレール出品の許可が下りたのですが、『満足』の評価が数百件もあるタイミングでMさんに出品の申請をさせてみると、何故かあっさりと断られました。

この事例からも、ハイブランドの商品を販売した実績でないと、BUYMA事務局からも出品制限がかかっているブランドの許可がもらえない＝実績として認められていないことがわかります。

そして、残る希望は、MさんのBUYMA経験値だったのですが、これもまた直営店買付、高値売りバイヤーとしては邪魔となってしまうのです。

これまでの章でも何度も書いてきましたが、リサーチとかに無駄に時間をかけるならば、出品力を上げることにフォーカスすべきです。特に、ハイブランドを扱う直営店バイヤーならば、それが一番効率がよいのです。

しかし、Mさんは、セレクトショップ買付で薄利多売を長年やっていた経験が染みついていて、なかなか高値売りバイヤーとしてのロジックに馴染めていなかったようでした。結果、高値売りバイヤーとしてブレイクするのに5か月もの時間をかけてしまいます。

工夫と自己流は似て非なるもの

このMさんの事例から、1つどうしても教訓として覚えておいてほしいのが、「工夫と自己流は全く異なるものだ」ということです。明らかな違いは、目的地まで変えてしまっていないかどうかではないでしょうか。

工夫とは目的地まで変えずにまさに工夫をすることであり、自己流とは似たように工夫をしているつもりでも目的地が変わってしまっていることに気づいていない状態です。

Mさんは、僕の高値売りノウハウに自分が培った経験をプラスすることで、もっと大きな成果を得られると思ったようです。具体的に言うと、リサーチというものが無駄な作業だと気づかずに、僕のノウハウに自分が持つリサーチ技術をプラスして早く結果を出したかったみたいですが、そのリサーチするという無駄なプロセスは、出品力という有効なものにかける時間を確実に落としてしまうわけです。

それは、最初に言った目的地自体を変えてしまっているので、本質的に工夫とは異なる行為です。これは、他のことにも言えることが多いのですが、リサーチばかりして稼げなかったのであれば、まずその事実を受け入れなくてはいけません。

センスを行動力が凌駕する

それでも「何も購入しないがセミナーに参加してもいいですか」と言っておきながら、費用対効果が高いと感じれば、その場で前言を撤回して、僕のコンサルティングを即購入してしまうほどの〝決断力〟、そして〝行動力〟の持ち主であるMさんは、諦めるどころか月に1度、関西在住の僕のコンサル生を集めてランチ会を開催し、毎回、僕を誘ってくれました。

【図表８　Ｍさんの感想】

	3月	4月	5月	6月		8月
売上金額	685,950円 1,193位	566,210円 1,333位	324,800円 1,877位	1,198,390円 703位	1,935,590円 446位	1,646,990円 472位
成約回数	13回 2,108位	8回 2,519位	9回 2,438位	17回 1,780位	29回 1,399位	21回 1,600位

	3月	4月	5月	6月	7月	8月
売上金額	522,737円 1,480位	406,810円 1,672位	505,040円 1,428位	529,310円 1,370位	698,782円 1,223位	932,720円 894位
成約回数	32回 1,237位	16回 1,839位	12回 2,141位	4回 3,215位	9回 2,527位	10回 2,334位

	3月	4月	5月	6月	7月	8月
売上金額	-円 -位	-円 -位	-円 -位	-円 -位	66,270円 3,587位	187,250円 2,507位
成約回数	-回 -位	-回 -位	-回 -位	-回 -位	8回 2,653位	19回 1,696位

薄利多売からの脱却
Mさん

私ずっと行動しても稼げない人でした
ある日ブレイクする、と○さんがみんなに言われてたので
それを信じてひたすらやるしかないと思ったんですよね。

「いったいブレイクってどんな感じなんだろ？」ってずっと思ってたのですが
「今日も注文きた」「え？今日も？」「あれ？3日続いて注文？」みたいな感じが続いて、
そのうちに「あら？今日は３つ？」みたいな
ブレイクってこういうことだったんだー－－－－！って感じです。
今朝も仮注文３つ入ってました。

【図表９　Ｍさんとのチャット①】

8月28日 15:43

ほんとそうですよねー！

すぐにスクール代なんて元取れたし、
途中のしんどい時期にめげずに乗り越えることができてほんと良かったと思います。
「絶対にスタートダッシュしよう！」って決めて入塾したので
ずっと走っててメゲる間もなかったんですけどね(笑)

前の薄利多売だったら　何個売らないと利益50万円にならないんだろ？って
私、いろいろやってきたからよけい思います。
万単位で増えていく利益が当たり前になってきました

当然、僕は、毎月参加しましたが、ランチ会というよりはＢＵＹＭＡのお勉強会です。情報の交換等からＢＵＹＭＡ無在庫販売で稼ぐエッセンスをどんどん吸収していったＭさんは、２０１９年７月、遂にブレイクスルーを果たすのでした。

　Ｍさんと同じようにセンスがあまりない僕としても〝行動力〟が勝るときが来るのだと信じていましたから、Ｆさんのとき以上に嬉しかった瞬間でした。

　今では、持ち前の行動力を活かして、ＢＵＹＭＡ無在庫

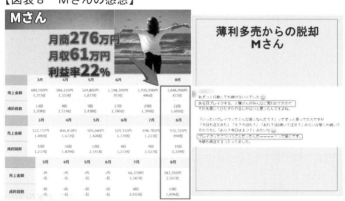

【図表 10 Ｍさんとのチャット②】

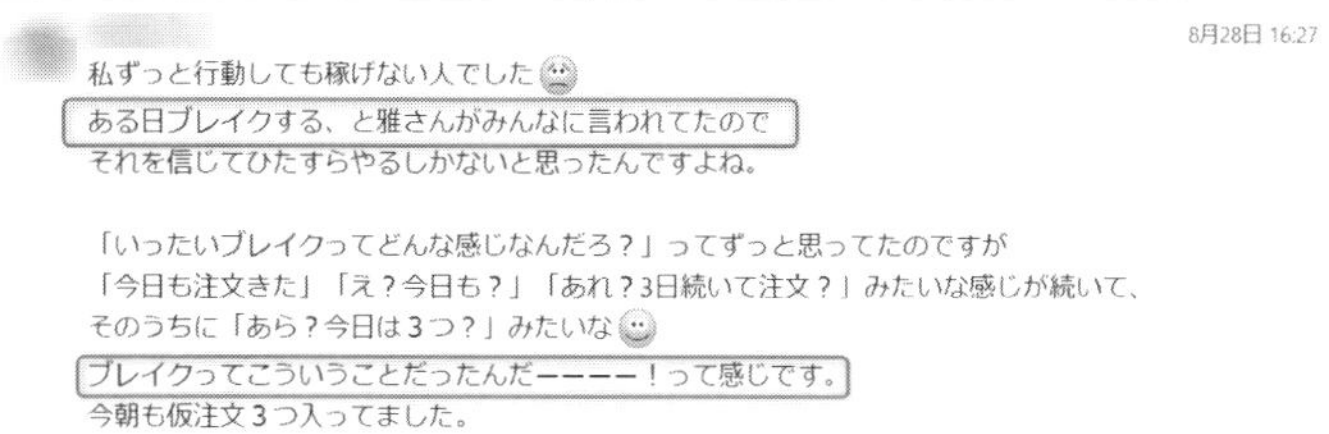

販売以外のビジネスにも手を広げて稼ぎ続けているそうです。

僕やＭさんの若い時代には、パソコンやインターネットなんてありませんでした。また、副業なんて考え方も全く主流ではありませんでしたから、平成末期は出遅れてしまった感はありますが、令和の時代には人生経験が豊富な僕やＭさんの世代が、そういった環境に慣れて巻き返していく番ではないかと強く感じています。

この書籍を読んでくれている人の中に、同じ世代の人がいれば、今からでも遅くないとご理解いただけるかと思います。

また、僕らよりも若い世代の人たちであれば、僕らの世代の人にできて、自分たち若い世代の人たちにできない理由なんてないということが、やっぱりわかっていただけると思います。どんなことでもそうですが、結局は行動力が最終的には勝るのです。やったもの勝ちですね！

・【ケース③】20代、専業主婦Ｒさん

初受注で一撃16万円 over の純利益!!

Ｒさんは、20代後半の専業主婦で、会社勤めだった頃の最高月収が

【図表11　Rさんの売上実績】

	8月	9月	10月	11月	12月	1月
売上金額	-円 -位	-円 -位	-円 -位	-円 -位	149,900円 3,109位	1,359,500円 882位
成約回数	-回 -位	-回 -位	-回 -位	-回 -位	3回 3,789位	7回 2,894位

16万円ほどだったと言います。僕らの世代からすると、今の若者は恵まれた環境にいると感じてしまうことも多いのですが、雇用環境的な面で言えば、決して令和の時代は恵まれているということでもないのだと感じてしまいます。

そんなRさんは、最初はケース①でご紹介した僕のコンサル生であるFさんのTwitterの投稿を見ていたそうです。その投稿の中でFさんが僕のことを紹介してくれていたらしくて、その投稿を見て共感してくれたRさんは、即断即決で2019年の11月頃から僕のコンサルティングを受けることになりました。

若いからということだけではないのかもしれませんが、Rさんはとても理解力があって、質問等も非常に少なかったです。

そんなRさんのBUYMA無在庫販売での転機は、比較的に直ぐ訪れました。2020年1月に突然入った初受注は、シャネルのジャケットでしたが、一撃で会社勤め時代の最高月収を超える利益を出してしまうのです。この月は合計で28万円ほどの利益を出しましたが、もちろんリサーチ等の無駄な作業は一切させていません。

弱者の取るべき戦略とは

戦いの法則、ランチェスター戦略よると、弱者なら弱者が取るべき戦略があると言います。ランチェスター戦略とは、実際の戦闘における方程式ですが、今ではビジネスにおける競争理論に置き換えて応用されることが多い戦略です。

もちろん、その競争原理の本質である方程式は、すべての競争において不変の理論です。ＢＵＹＭＡ無在庫販売でも当然、有効である概念で、僕はその原理原則に基づいて令和の時代のＢＵＹＭＡ無在庫販売における戦略を述べています。

そんな教えで、ＢＵＹＭＡ無在庫販売開始からわずか2か月ほどでブレイクしたＲさんに伝授した戦略は、一貫して〝サイズのある商品カテゴリーで高価格帯を攻めろ〟でした。

ここまでもご案内したとおりですが、ＢＵＹＭＡにおける〝強者〟とは、資金力がある有在庫バイヤーさんか、セレクトショップのＶＩＰ割引を利用した安売りバイヤーさんで、そんな上級者バイヤーさんとの明確な差別化こそが令和の時代におけるＢＵＹＭＡ無在庫販売で稼ぐポイントとなることはいうまでもないことです。

しかし、そんな上級者バイヤーさんから、同じ手法を習おうとするＢＵＹＭＡ初心者の人が後を絶ちません。ボルトに走り方を習えば、全員が１００メートル９秒台で走れるようになるのか考えてみてください。しかも、同じフィールドで走る選択をすれば、その強者と一緒に走ることになるわけです。

この書籍を先に手にしてくれた人は本当にラッキーです。僕のノウハウの本質は差別化ですから、既に結果を出している強者とは違うフィールドで戦うことになるのです。出品者である僕たちが非常に有利な環境でビジネスを展開できるようにルール化されたＢＵＹＭＡにおいては、既にそのルールの中で育った強者がひしめき合う熾烈な戦場です。その中では、初心者の人にとっては弱者としての正しい戦い方があるのです。

令和の時代に合った戦略を身につけてから、ＢＵＹＭＡ無在庫販売に挑むことを強くおすすめします。

・【ケース④】20代、個人事業主Yさん

総合評価１・９９からの復活劇

誰に聞いたかも覚えていない感じの都市伝説レベルの情報でしたが、ＢＵＹＭＡでは総合評価が2点台になるとヤバいという認識でいました。ヤバいというのは、アカウント停止も含めたペナルティーがあるということです。事実、それまでは、どんなに低くても総合評価は3点台しか見たことがありません。

そんな認識が一撃で吹き飛んだのが、Ｙさんとの出会いでした。２０１９年の10月頃から僕のコンサルティングを受けることになったYさんでしたが、それまでは自己流でBUYM無在庫販売をやっていたそうです。

その自己流でやっていたＢＵＹＭＡのアカウントを診断したときに衝撃が走ります。総合評価１・

９９?!　そんな低い点数が存在することも知りませんでしたし、ペナルティーもまだ正式には受けたことがないと言います。

シークレット的なペナルティーがあるという噂

通常は、ＢＵＹＭＡ事務局から正式にメールで何らかの連絡があって、ペナルティーが課せられるはずです。例えば、人気ランキングから暫くの間除外する、出品を制限（アカウント停止）等々…。

しかし、これも噂レベルのことですが、キャンセル率が少し上がったタイミングで急にアクセス数が落ちるとかいう現象がよくあって、ＢＵＹＭＡにはシークレット的に連絡なしでペナルティーもあるのではないかと言われています。

このときのＹさんも、そんな感じでアクセス数が急に落ちた気はするということでした。とは言え、どちらにしても、アカウントそのものがヤバいレベルの状態であることには間違いありません。

僕は早速１つの対策を授けました。

僕が伝授した対策はこの１つだけ

僕がコンサルティングをする前のＹさんは、イタリアの割とレアなブランドを扱っていました。価格帯もそれほど高額ではなく、10商品以上販売しても売上１００万円にも達していない状態でした。そんなギリギリの状況で僕が出した指示は、大きく言うと次の１つだけになります。

【図表12　Yさんの売上実績】

9月	10月	11月	12月	1月
258,000円 2,175位	822,150円 1,108位	998,290円 1,008位	1,621,460円 834位	1,906,641円 641位
1回 4,305位	12回 2,220位	8回 2,571位	9回 2,766位	22回 1,720位

「ハイブランドの高価格帯を攻めましょう」

もう馬鹿の1つ覚えレベルの指示ではありますが、正しいことなので何度でも言いますし、これほど的を射た指示はなかったかと今でも感じています。事実、Yさんのアカウントは、結局は正式にペナルティを受けることもなく、わずか3か月ほどで総合評価3・7にまで復活を遂げるのでした。

2020年1月は売上200万円にはわずかに届きませんでしたが、利益ベースでは40万円台突破となりました。

一時期はコロナの影響で僕ら輸入物販ビジネスも大打撃となりましたが、今ではコロナ以前の状況よりも大きく飛躍しております。

BUYMAは○○○○○贔屓という噂

これも誰に聞いたのかも覚えていない都市伝説レベルの情報ですが、BUYMAはヨーロッパ贔屓というものです。

Yさんは、イタリア在住の日本人です。BUYMAでは、ヨーロッパブランドの取扱高が非常に高いわけですから、そんな噂も真実味が増します。とは言え、それが理由で総合評価1・99でも大丈夫だったと、

【図表 13　イタリア在住のＹさん】

今から試すこともできませんので、神のみぞ知るということですね！

・【ケース⑤】40代、サラリーマンKさん

初雪舞う冬の札幌での対面コンサル

Ｋさんも、僕と出会うまでは自己流でＢＵＹＭＡをやっていましたが、全く結果が出ずに挫折しかけていたと言います。

この頃（２０１８年）の僕は、コンサルタントとしてはまだ駆出しで、何でも僕がやってしまうことが親切な対応と勘違いしていました。

Ｆさんのときもそうでしたが、例えばショッパー名とかコンセプトまで僕が考えてしまっていました。それでは僕の複製アカウントが増えていくだけで、個性をウリとする

【図表 14　Kさんからの報告】

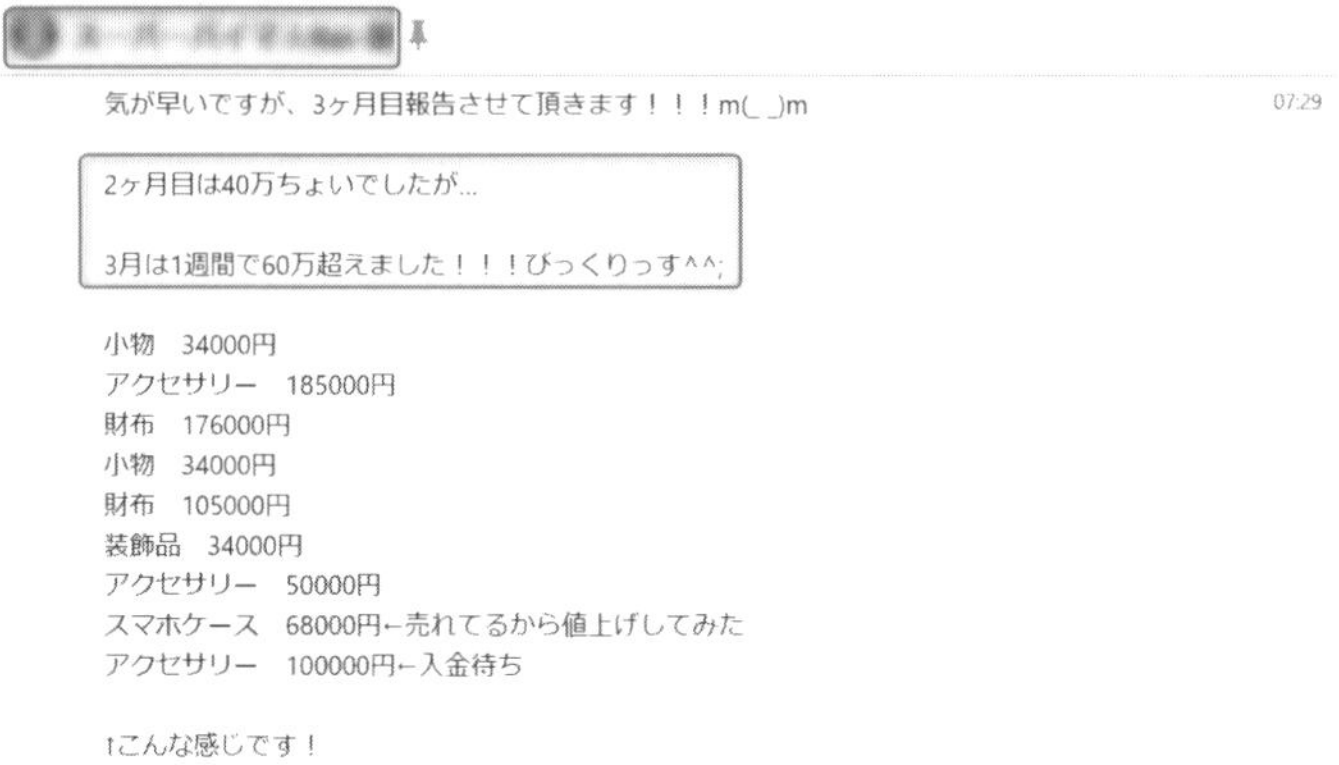
気が早いですが、3ヶ月目報告させて頂きます！！！m(_ _)m　07:29

2ヶ月目は40万ちょいでしたが…

3月は1週間で60万超えました！！！びっくりっす^^;

小物　34000円
アクセサリー　185000円
財布　176000円
小物　34000円
財布　105000円
装飾品　34000円
アクセサリー　50000円
スマホケース　68000円←売れてるから値上げしてみた
アクセサリー　100000円←入金待ち

↑こんな感じです！

ＢＵＹＭＡ高値売りのやり方とは言えません。

さらにＫさんの場合は、コンサル費用も成功報酬、後払いでいいという破格の条件でした。そんな状況でも、ＢＵＹＭＡ無在庫販売で結果を出させる自信があった僕は、初雪舞う冬の札幌にまで飛行機でＫさんに会いに行きます。まだコンサル費用はいただいていませんので諸経費も自腹です。

やはり僕が出した指示はこれだけ

つくづくＢＵＹＭＡ無在庫販売は、自己流でどうにかなるビジネスではないと感じています。

Ｋさんも、リサーチ漬け→出品→売れない→他の人の販売価格リサーチ→価格下げる→売れても利益ない→挫折…というお決まりのパターンにハマっていました。

しかし、正しい知識を得るだけで劇的に変化することも多くあります。このときも、僕は、大きな方向性としては、「ハイブランドの高価格帯を攻めましょう」と指示をしました。

もちろん、細かな指導はしていますが、方向性としての指示はこれだけです。そして、直ぐによい結果は出たようでした。

この２０１９年、年明けにもらった報告を最後にKさんとは音信不通となります。

裏切りから学べ

Kさんとは、コンサル費用は成功報酬、後払いという破格な条件での契約でしたが、今では音信不通となりました。どうしてそんな条件で契約してしまったかと言うと、当時、僕のLINE＠の読者様であったKさんは、何かあれば直ぐに反応してくれる行動力があるタイプの人でした。また、様々な物販系のコミュニティーに参加しまくっており、いわゆるノウハウコレクターのようでした。

そんなKさんを、僕が逆ナンということでもありませんが、ＢＵＹＭＡ無在庫販売に誘ってみたのです。すると既に自己流でＢＵＹＭＡ無在庫販売を少しかじっていた感じのKさんは、思ったとおり直ぐに結果を出していきました。そして、今ではＢＵＹＭＡランキング上位（１００位以内）にも入る超優良なアカウントに育っていると風の噂では聞きますが、僕のほうから特に催促することもありません。

人間関係は、お互いに事情があると思いますし、僕の事情を言えばこういう人との関係は一切必要ありません。Kさんとの関係は、過去のこととして変えることができない苦い事実ですので、今後の人間関係ではそういうことがないように活かしていきたいと前向きに考えています。

しかし、Kさんとのことがあり、若い頃に金銭関係で揉めてほとんど音信不通となっていた弟のことが今では許せる感じになってきました。少しぐらいの失敗ならタダで転ばないように、そこから何か教訓を得ることが大切ですよね！

・【ケース⑥】30代、専業主婦Nさん

VIP買付で撃沈

僕が情報発信を開始したのが、ちょうど2年前の2018年8月頃のことでした。当時は、SNSと言えばミクシィしか使ったことがなかった僕にとっては、インスタグラムやフェイスブック、ツイッター等の利用はとてもハードルが高いことでした。

そんなSNSを家庭教師等を雇ったり、外注さんを使うことで、何とか身につけた僕は、SNS利用開始1か月ほどで当時はLINE＠だった読者の数を何とか30人にまで増やしてメルマガを書くようになりました。

Nさんは、そのたった30人の中の1人だったと思います。メルマガ配信の当初から、Nさんは質問とか積極的にしてくれる人でした。そんな読者の人がいると、こんな僕の配信を見てくれている人がいるのだとわかり非常に嬉しいものです。

その後、２０１８年10月頃には、その読者様が１２８人ほどにまで増えており、その読者に対してLINE＠の配信で僕は初のコンサル生募集をしてみました。

目標は5人でしたが、ＢＵＹＭＡ無在庫販売は僕が思っていた以上に人気があり、６人も応募してくれたのです。しかし、その中にNさんは入っていなかったのでした。後に本人に聞いたところ、僕とは違う人のコンサルティングを受けることになり、その習ったノウハウがＶＩＰ買付で見事に撃沈してしまったとのことでした。

正しいことは何度でも正しい

２０１９年の年が明けると、僕のコンサル生が結果を出し始めます。中でもケース①でご紹介したFさんの快進撃が既に始まり出したタイミングでした。そんな内容の配信を当然、僕は連日、自分のことのようにLINE＠でしていました。

するとNさんから久しぶりの連絡がLINE＠のほうに来ました。その連絡の内容は、僕のコンサルティングを受けたいとのことでした。そして、２０１９年3月頃からコンサルティングを開始することになりました。

Nさんは、もともと積極的に質問とかしてくるタイプの人で、撃沈とは言いましたが、そこそこの売上は既にありました。当然、僕は大きな方向性としては、お決まりの馬鹿の一つ覚えの指示しかしていません。

【図表 15　N さんの売上実績】

6月	7月	8月
2,810,750円 343位	2,002,680円 421位	2,013,710円 377位
34回 1,062位	32回 1,317位	37回 1,122位

ハイブランド商品のサイズがある商品カテゴリー、高価格帯から攻めていきましょう！　そして、既に構築されつつあった買付国のネットワークの共有も直ぐにさせていただきました。

このときはまだ10か国のほどの買付ネットワークでしたが、BUYMAを始めて直ぐに世界10か国で買付ができるアドバンテージは、非常に有利であることは言うまでもありません。もともと、積極的で行動力があるNさんは、直ぐに結果を出してくれました。

3か月目の2019年6月の利益は、70万円以上になると言っていたので、いい感じで高値売りを決めまくったようです。その後も40万円、50万円 over の利益をコンスタントに叩き出して卒業となりました。

しかし、この年の2019年の年末に、ある大事件が起こるのでした。

まさかの○○○○

BUYMAでは、毎年年末に何か大きな動きがあるようです。

2017年は、確かキャンセル率に対して大きな粛清があったと聞いています。僕は、始めたばかりでしたので、特に気になることはありませんでした。２０１８年の年末は、確か出品時に設定するカテゴリーをズラして出品してはいけないとかあったと思います。

ズラし出品というのは、例えばキッズカテゴリーの商品をレディースにも出品してしまうような感じです。これも何のことかという感じでしたが、２０１９年の年末には高値売りバイヤーにとっては大事件となります。というのも、値上げの方法に関することで規約が厳しくなったのです。

とはいえ、もともと値上げをするときは、１度キャンセルしてから正しい情報で出品ページをつくり直して再度お客様にご決済いただく段取りでないとダメということになっていました。それを知らないまま、従来の方法で、１度キャンセルをしないで値上げ分だけを別出品ページをつくり、そこで決済をさせているケースに対してＢＵＹＭＡが大きな粛清を行いました。その粛清というのが最悪アカウント停止です。

表題の○○○○の中身は、〝アカバン（アカウント停止）〟ということになります。このときに多くの高値売りバイヤーさんがアカウント停止になったと言い、Ｎさんも停止になってしまったようです。

しかし、今では復活させていると聞いていますし、高値売り自体ができなくなってしまったわけではありません。正しい手順で行えば、受注後でも値上げもできますし、本物のノウハウというのは本質的な土台がしっかりとしていますので、応用が利きますし、多少の変化では決してブレない軸があると逆に証明できたと感じています。

この令和の時代にＢＵＹＭＡ無在庫販売に参戦する後発組の人にとっても、希少性がウリであるハイブランドの商品の無在庫販売をするのであれば、在庫量が豊富な直営店買付からやるべきなのは間違いのない事実です。そして、直営店では、基本的には定価でしか仕入ができませんので、高いまま買って、もっともっと高くＢＵＹＭＡで販売するノウハウ〝高値売り〟ということです。この軸は決してブレることがない不変のものなのです。

・【重要】高橋 雅 公式 note

【図表16　公式noteＱＲコード】

雅BUYMA公式note さんのQRコード

このQRコードをスキャンすると、
雅BUYMA公式note さんのクリエイターページに移動します。

名刺に印刷したり、情報交換に活用するなど、
ご自由にお使いください。

ここからは、ＢＵＹＭＡ無在庫販売で僕が経験した代表的な実際のお取引内容についてご案内させていただきます。

単に自慢をしたいだけではありません。実際のエピソードから高値売りノウハウの神髄を感じ取っていただけましたら幸いです。

どういう流れで値上交渉に発展して、どういう心理でそれが成立していくのか？　そんな感じで読んでいただくと今後のＢＵＹＭＡ無在庫販売で活動する際に役に立つときがくるのではないでしょうか。

実際の商品写真を掲載できないのが残念ですが、商品の写真を見てみたい人は、僕の公式 note のほうには載せていますので、よければご覧ください。

・【爆益案件ケース①】～カルガリーの奇跡

ＢＵＹＭＡ無在庫販売を始めて６か月後に長年の夢だった独立

ＢＵＹＭＡ無在庫販売を僕が始めてちょうど６か月目頃のお話です。この２０１８年の２月頃のある日、この日は休み明けでしたが、会社に出勤すると僕のデスクにパソコンがありませんでした。一瞬、頭の中はハテナだらけになりましたが、同時に「ついにこの日が来たのか」という想いもありました。

というのも、当時、僕の勤めていた会社は、業績が悪く、経費削減ばかりで、僕の給料も勤め出した頃からすると月収10万円も下げられていたからです。

そして、普段は、僕以外に専務か部長のどちらかしかいないのですが、その朝はなぜか２人とも揃って僕を待ち構えている感じでした。第一声が全く予知せぬ驚きの言葉だったのです。

「会社で Amazon やってるやろ?」

※大阪の会社です。

いやいや、ＢＵＹＭＡだし、仕事中にマンガ読んで笑っていても、ＴＶ見ながらウトウトしていても、1日中携帯ゲームしていても怒られたことがない社風で、副業をやっていてこんな展開になるとは想像もしていませんでした。

新作の海外ドラマが発売されれば、専務が買ってきてきょう中に見ておけとかは毎度のお約束でした。散々、経営者意識を持てと言われてきましたが、副業を始めて経営者意識が出てきた途端にクビなんて皮肉なお話です。

とは言え、パチンコ店のような個人商店でそんなこと言っても仕方ないのもわかっています。BUYMA無在庫販売でようやく会社の給料を超える利益が出てきていたので、ちょうどいい機会だとも思いました。

BUYMA無在庫販売を開始してわずか6か月で脱サラ成功なんて格好よい成功例なんかではなく、会社クビになり、結果として脱サラとなったのが正直なところです。本当はバシッと辞表を提出したかったのですけどね…^^

捨てる神あれば拾う神あり

長年勤めた会社をクビという、最悪なタイミングでこの大型案件は決まりました。とは言え、最初から高い商品ではありませんでしたが、50万円ほどのエルメスの青い財布でした。

この時点では、10万円には満たないぐらいの利益になりますが、このエルメスの青い財布が最終的には75万円にまで大化けするので、そのプロセスを知っていただきたいと思います。これこそが僕の言う高値売りの典型的な事例なのです。

エルメスのお客様はとてもこだわりが強い

ルイヴィトンやシャネルとは異なり、エルメスのデザインは比較的にシンプルなものが多いです。そのためなのか、色へのこだわりがエルメスのお客様は非常に強いと感じます。

例えば、ルイヴィトンやシャネルですと、ご注文のカラーがない場合には別色のご提案をするのですが、意外とこれが決まりやすいのです。しかし、エルメスでこのご提案を受け入れてもらったことがありません。このときの青い財布も、こんなエルメスユーザー様の色への強いこだわりから爆益へと発展していきます。

エルメスは革製品の在庫確認を電話では応じてくれない

お客様だけでなく、エルメス自体もこだわりの強いブランドです。こだわりのある革製品（財布、鞄）の在庫確認は、店にまで足を運んでくれというスタンスなのです。

とは言え、現地の公式サイトに在庫が残っていたりすることが多いので、普通に無在庫販売でも扱えています。

この青い財布の受注が入ったときも、普通にフランスの公式サイトに在庫が残っていましたが、少しだけ色が薄い気がしました。何よりも製品型番が異なります。念のためお客様に伺うと、それはマイナーチェンジ後の新作で、お客様は旧型の濃い青がご所望でした。絶対に旧型の濃い青でないとダメだと仰るので、今度は型番検索をGoogleでしてみるとあっさりとカナダの公式サイトで見つかります。

アメリカやカナダは表示が外税？

州によって税率が異なるアメリカ、カナダならではなのですが、それもこのときに始めて知りました。そして、当時、僕のカナダの買付パートナー様がいた州は税率が15％もあったのです。

こういうこだわりの強いお客様は、多少高くても買ってくれる傾向にあります。かなりざっくりとした僕にとって都合のよい計算で出た販売価格が75万円でした。この時点でも、利益は10万円を楽に超えていましたが、こだわりの強いお客様はそれでも欲しいとあっさりと値上げのご提案もまとまりましたが…。

喜んでいたのも束の間

当時のカナダの買付パートナー様は、とても若い女性でした。値上交渉が決まって直ぐに買付依頼を出すのですが、クレジットカードの枠がカナダドルで5，000ドルしかないというのです。直ぐに送金すると言いましたが、そこまで大きな金額の商品を扱う責任が持てないとかいうことで音信不通となってしまいます。

75万円の大型案件が決まって喜んでいたのも束の間、今度はどん底に陥ります。しかし、会社をクビになったばかりでＢＵＹＭＡ無在庫販売しか収入減がなくなったばかりでしたから、何が何でも決めないといけません。直ぐに現地カナダ在住者をSNS等で探してスカウトしまくりました。

カルガリーの奇跡

犬も歩けば棒に当たると言いますが、行動を起こせば思わぬ幸運に出くわすものです。この当時、カナダグースには出品制限がかかっていなくて、僕のアカウントでもカナダグースのダウンジャケットの販売に力を入れており、カナダ在住者の買付パートナー様の募集は常にしていました。

結局、スカウトには１人も反応がありませんでしたが、奇跡は直ぐ次の日に起こりました。カナダのカルガリーに在住の日本人の女性から応募が入ったのです。結果として、その応募から現地カルガリーからエルメスの青い財布は買付をしていただくことが決まるのですが、奇跡とはそんな些細なことではありません。

驚愕のアルバータ州の税率

75万円は、もともと15％の税率で仕入れる予定で算出した販売価格でした。しかも、為替とかもかなりざっくりと都合よく計算しています。それがカルガリーのあるアルバータ州の税率がたったの５％だというのです。

これだけの高額商品ですから、10％オフは半端ではありません。結果として、たった1つの財布を販売して20万円を超える利益となった爆益案件でした。これには後日談もあるのですが、それはまたの機会に…（笑）。

・【爆益案件ケース②】～ヘビ革で金運アップ

BUYMAのゴールデンタイム

僕がBUYMAでブレイク状態になったと実感したのが、２０１８年3月のことでした。

BUYMA無在庫販売では、夜中がゴールデンタイムと言われており、この月に入ると朝起きたら毎日何か売れているのです。深夜、酔っぱらった勢いで買ってくれているのでしょうか？

そんな忙しい毎日だった２０１８年3月のある日、突然、国内買付のサブアカウントに驚くほどの大型案件が入ります。この時点では、販売価格40万円のルイヴィトンのヘビ革の財布でしたが、これが後に販売価格60万円へと変貌していきます。

そのプロセスから、高値売りの流れやお客様の心理状況等を読み取っていただけたら幸いです。

やっぱりリサーチは不要

一般的に国内買付では、比較的に安価な小物商品がよく売れると言います。そんな情報を真に受けて、国内買付で実績のあるバイヤーさんの販売履歴を追うようなトレンドリサーチばかりやっていれば、僕もこのような大型案件には出会うことはなかったことでしょう。

しかし、大切なことなので何度でも言いますが、リサーチなんてやっていないからこそ、このような大きなチャンスが生まれたのです。

ルイヴィトンに限ったことではないのですが、ハイブランド品にはヘビやワニ等の革を使用した高級品が存在します。詳しくは知りませんが、こういう製品は輸入があやしそうなので、あえて海外買付のアカウントでは出品をしていません。

しかし、国内買付のアカウントでは、国内で仕入れることを前提としていますので、こういう輸入があやしい革製品も出品ＮＧのルールには入っていません。出品の担当者には、その出品ＮＧのルールにはない商品を上から順番に適当に出品を任せています。

結局は、そんな緩い感じの出品方法が、リサーチ漬けで出品をしていくよりもよい結果に繋がるのだと、この案件からもご理解いただけるのではないでしょうか。

まずは MAP で在庫確認

ルイヴィトンは、公式サイトで店舗の在庫もある程度は確認ができます。カートに追加できる状態はオンライン在庫がある状態ですが、その下に『店舗で探す』というボタンがあって、それを押すと MAP が表示されます。おおよその地域を入力すると、その地域の在庫状況が MAP 上で確認できるということです。

例えば、日本とかアジアと入力すると、その地域の店舗にマークが表示されます。赤色のマークが在庫なし、緑色のマークが在庫ありとシステムに登録されている店舗ということになります。

このヘビ革の財布は、このときには日本では完売しており、世界にMAPを広げてみると、香港、韓国、フランスに在庫があるようでした。

ルイヴィトンはヨーロッパで買うのが一番安い

普通なら国内買付で販売する予定で算出したBUYMAの販売価格ですから、40万円の時点で大抵どの国の在庫であっても十分利益が出ます。それだけ日本はルイヴィトンの公式販売価格が高いのです。

しかし、前出したように輸入があやしい感じのヘビ革の高級品ですから、本当は一番安いフランスで仕入れたいところでしたが、お客様に事情を説明して、僕自身が直接、格安航空で香港か韓国に買付に行くということでプラス20万円の値上げを提案しました。

ヘビ革で金運が上がりそうだからそれでも欲しい

「ヘビ革で金運が上がりそうだからそれでも欲しい」――お客様はそう言ってあっさりとプラス20万円もの値上げの提案を受け入れてくれました。

日本の高い公式販売価格から利益を出すために算出した40万円というもともとのＢＵＹＭＡ販売価格が、最終的には僕が直接、買付に行くということで60万円にも膨れ上がってしまったのです。

しかし、またもや話はこれで終わりませんでした。

確かにお客様の言うとおりヘビ革のご利益で金運は上がったけれど…

これは２０１８年の４月のお話です。

前月に完全にブレイク状態に突入した僕は、乗りに乗っていたのかもしれません。当時のフランスの買付パートナー様に、本当はフランスで仕入れたかったとの話をしてみると、「来週ゴールデンウイーク前に日本に帰省しますよ」と言うではありませんか！

日本の高い公式販売価格から算出した40万円、そして僕が格安航空で直接買付に行くことを考慮して60万円にもなったヘビ革のお財布が、何とルイヴィトンの公式販売価格が一番安いフランスで仕入れ、しかも海外送料もなく日本まで持って来てもらって、日本国内からゆうパックにて数百円で送ることになったのです。

このとき、フランスの買付パートナー様には、５万円の報酬を謝礼の意味も兼ねて特別にお支払いしましたが、それでも20万円をゆうに超える爆益案件となりました。

結果、ヘビ革のご利益で金運が上がってしまったのは、お客様ではなく、僕自身だったのでした（笑）。

・【爆益案件ケース③】〜在庫復活から爆益を生む

２０１８年は青色がトレンド?!

２０１８年は『青色』が流行っていたのでしょうか？

エルメスの青い財布の後には、ルイヴィトンでは青色のラインやタグが入っていたり、半分モノグラムで半分が青色のスプリットや、もう全体が青色のモノグラムデザインのバッグ等が爆発的に売れていました。

特に全体的に青色のキーポル（バッグ）は人気が高かったようで、僕のアカウントでも何個か販売していました。

そろそろユーロ圏に在庫がなくなりそうなタイミングで、最後に入ったそのバッグへの受注がまたドラマティックな案件になったのでした。

それは、前章でも少し触れましたが、在庫復活からの爆益でした。在庫復活するようなタイミングというのは、逆に言うと在庫がなくなりかけている完売寸前ということも容易に想像ができます。こんなタイミングでは、お客様の反応も異常なほどアツく感じることが多くあります。

しかし、このときのお客様は、最初の段階ではその異常な反応は全く感じることがない、大人しい感じのクールな印象だったのです。

驚きの海外あるある

このルイヴィトンの青色のバッグは、普通にフランスパリに在庫が確認できましたが、最後の1つだと言います。通常なら、こんなタイミングでの人気アイテムの商品お取置きは応じてくれないのですが、フランスパリの買付パートナー様は店側ととても良好な関係を築いており、何とかお取置きが依頼できたとのことで安心していました。

お取置きというのは、言い換えれば予約です。日本とかですと通常3日ほどお取置きしてくれますが、そのときは当日限りとのことでした。

パリの買付パートナー様は、当然その日の内にお取置きを依頼した店に仕事の帰りに寄ったのですが、他のスタッフが販売してしまったと言われたそうです。その後、これは海外では意外と普通のあるあるだと知るのですが、まだ海外買付の経験が浅かった僕は大変驚きました。だって日本では到底考えられないことですからね。しかし、ないものはないので仕方ありません。

2018年当時のキャンセルのズルい手法

今では当然ダメですが、この2018年当時は、キャンセルをするときには、こんなズルい方法を使う人が多かったのです。

BUYMAでは、受注が決まった後、お客様都合ではキャンセルができませんが、出品者のほうからは普通にキャンセルできます。そのキャンセル時に4つの項目からキャンセル理由を選ぶのですが、正直に買付できなかったとキャンセルするのが正当な方法です。

しかし、買付できなかったという正当な理由を選択すると、総合評価に影響してしまうのです。そして、キャンセル率が高くなると、ペナルティーが課せられることもあるといいます。そんな事情から、その当時はキャンセルするときにお客様のほうからキャンセルしてほしいと申し出ていただくように誘導して〝お客様都合による〟キャンセル理由を選択することがありました。

このときは、最悪この手も想定しながら実際に在庫を再度探しつつ、値上げの可能性をチラつかせます。そうすると普通ならどんどん上がっていく販売価格に対して不安になり、キャンセルしてほしいと申し出てくるのですが、このお客様は何度値上げを提案しても欲しいという本来なら有難い返答だったのです。

しかし、このときは、お客様のほうからキャンセルを申し出てほしいわけですから、とても微妙な気持ちでした。

諦めかけたそのとき奇跡の在庫復活

当初は28万円ぐらいで販売していた商品が、何度か値上交渉を重ねるうちに、50万円以上に膨らみ、いよいよ正当な理由でキャンセルするしかないと決心し始めた矢先、まさかのフランスパリから奇跡の一報が届いたのでした。それは、〝在庫復活〟したという嬉しいお報せでした。しかも、28万円でも利益が出るのですが、50万円以上に膨らんでいるタイミングでした。

当時のフランスの買付パートナー様が、自分自身のお取置きした商品が売れてなくなってしまったことに責任を感じてくれて、毎日会社帰りにパリの本店に寄って在庫の確認をしてくれていたそうなのです。

仮に、あのままお取置きがされていれば４〜５万円の利益でしたが、この海外あるあるのドタバタ劇のお陰で、結果的に20万円を超える爆益となりました。様々な偶然が重なった幸運なのかもしれませんが、こういうことは基本的な攻め方がしっかりとしていないと、そもそも巡り合うこともないことなのです。

高値売りというロジックは、基本的には高額な商品を高いまま仕入れて、もっともっと高い価値をＢＵＹＭＡでご提供するノウハウです。仕入れる予定だった価格で仕入れられないときに選択肢がなく、諦めるしかなければ当然そこで試合は終了となります。

しかし、そこから全世界という広い選択肢からご提供もできるという姿勢を〝魅せる〟ことで、さらに高い付加価値と捉えてくれることも多くあります。そんなときに相手は、高い買い物をしてしまったと後悔するよりも、レアなアイテムを手に入れることができたと心から高い満足度を感じていてくれていると思います。

どうせあることなら逆手に取る

しかし、そんなタイミングで都合よく在庫復活するのかと言われそうですが、これもまた海外あるあるのように頻繁にあることです。

そんな事情を知ってからは、受注が確定しているときはフランスパリの買付パートナー様全員に在庫確認の依頼をします。

フランスには、常に複数の人と契約しており、多いときは4～5人もいましたが、その4～5人に依頼して1人だけ在庫ありと返事が来ることも珍しいことではありません。

フランスのパリとなると、ルイヴィトン本店を要する世界最大の在庫量を抱えています。そんな状況では、人気アイテムの在庫状況は特に常に流動的です。ついさっきまで在庫あったけど…なんてことは頻繁にありますし、キャンセルが入ったのか、逆に暫くすると復活していることも多いのです。

当時、周りにいたBUYMA仲間は、そんな不確かな海外事情をよく嘆いていましたが、僕は逆に都合がよいと感じていました。だって、例えば、僕より実績のあるバイヤーさんが在庫を確認したときには在庫が切れていたのに、数時間後に僕が確認したときには在庫が復活しているということもあり得るからです。

当然、逆のパターンで僕が逃すことがあるのかもしれませんが、フランスのパリの買付パートナー様には、全員に何度も確認してもらったりすることで、僕の買付成功率は確実に上がっていきました。海外の事情等で自分がコントロールできないことを嘆いても何もプラスになることはありませんが、そんな中から自分ができることを考えてみれば、必ず解決策、対応策が生まれると思います。

何か行き詰ると、人は自分にできない理由ばかり考え出してしまいます。自分は○○だからできないと…。そんな思考は何も得るものはないので、そんなときはどうすれば自分に解決できるのかをひたすら考えてみることを強くおすすめします。そのほうが同じ時間を使ったとしても、まるで違う結果に繋がりますよ！

・【爆益案件ケース④】～シンガポールに帰還

在庫復活が爆益を生む～セカンドインパクト

この案件も、ある意味では在庫復活からの爆益案件になります。

しかし、今回の舞台は、花の都フランスのパリではなく、アジア圏の小国、シンガポールになります。

シンガポールは、小国ではありますが、超大国である各先進国に負けない発展を遂げています。その発展の最大の要因は、〝お金持ちを徹底的に優遇〟したからだと言われており、そんなシンガポールの状況を各ハイブランドも見逃すわけがありません。

特に、シンガポールのマリーナベイサンズの海上に規格外の費用を投じて建設したというルイヴィトン・ブティック、アイランドメゾンは、ルイヴィトンパリ本店に次ぐ全世界第２位の規模だといいます。このことからも、ルイヴィトンのシンガポールにかける力の入れ方がご理解いただけるかと思います。

そんなシンガポールでも、在庫復活が頻繁にあります。今回は、そんなシンガポールで在庫復活した商品が爆益を生んでくれ、そしてとても奇妙な結末となる嘘みたいなお話になります。

やっぱり２０１８年は青色がトレンド?!

爆益案件ケース③でご紹介した全部ブルーのモノグラム、キーポルは２０１８年5月頃のお話になりますが、この爆益案件ケース④のバックパックは、直ぐ次月の6月頃になります。6月といえば、夏のボーナスシーズンを迎えてＢＵＹＭＡでもとてもよく売れる月です。

そして、このバックパックも、爆益案件ケース③の全部ブルーのキーポルと同じシリーズで、全面的には通常の茶のモノグラムですが、一部にブルーのラインというかタグがある感じのシンプルなデザインになります。

このバックパックにも受注やお問合せが殺到しており、在庫が完売したと聞いて、ひと段落したかと思えたタイミングで、シンガポールから在庫が復活したとの連絡が入ったのでした。

直営店なのにＶＩＰ?!

シンガポールの買付パートナー様は、ルイヴィトンのＶＩＰカスタマーです。とは言え、セレクトショップのような割引があるということではありません。特別な情報とかがいち早く届くような待遇なのです。しかも、直営店スタッフが、商品写真を撮って在庫が復活したと連絡してきてくれます。

この直営ブティック内で撮影された商品写真というのが、僕らＢＵＹＭＡバイヤー、特に無在庫バイヤーにとっては地味に嬉しいことなのです。というのも、ＢＵＹＭＡでは、出品時にアップロードするＴＯＰ画像が通常の店に並ぶ商品と全く同じ位置づけで、このＴＯＰ画像がリアルであるほどアクセスを集めると言われています。

しかし、僕らは無在庫バイヤーですから、実際の写真は基本的には撮れません。なので、単に在庫が復活したという情報よりも、実際の写真があると余計に購買意欲が増すのです。しかも、このときは何度も在庫確認にお問合せが入っており、在庫なしと返答した商品でしたから、即決で仕入れてしまいました。

これもＢＵＹＭＡあるある?!

これは、事実というよりはジンクス、レベルのあるあるですが、在庫を持った途端にそれまで入っていたお問合せやオーダーがピタッと止まる（笑）というものです。このときもまさにそんな感じで、嘘みたいに止まり、やはり慣れないこと（在庫を持つ）は、するものでないと後悔し始めていました。

ＢＵＹＭＡでは、無在庫販売だけで十分稼いでいけますからね！　そこから半月もした頃に、シンガポールのパートナー様が夏休みは長期で出かける可能性もあるし、何よりシンガポールは高温多湿な国なので革製品がカビだらけになる可能性があると言います。

本当は、ＢＵＹＭＡで売れるまで預かっていただいて、直接、お客様に送っていただきたかったのですが、数十万円もする商品がカビだらけになってしまっては堪りません。仕方なく高い海外送料、関税を僕が支払って日本に送っていただきました。

英語版ＢＵＹＭＡ?!

ヨーロッパ各国とは異なり、シンガポールも含むアジア諸国の国々は、ヨーロッパブランドの公式販売価格が基本的にはとても高額です。それだけに、本来ならば、在庫を持つならヨーロッパのユーロ圏の国で仕入れるべきです。どんなに人気でレアなアイテムでも、その鉄則は守りましょう（笑）。

でも、このとき、僕の手元には、物凄く高い仕入れ、諸経費がかかってしまったバックパックが届きました。しかし、僕は、高値売りバイヤーですから、安売りなんてしません。

直営ブティック内で撮影されたお洒落な商品写真もありますから、最初は十分過ぎるほど利益が出る50万円を超える販売価格で出品をしてみました。するとあっさりと売れてしまったのです。しかも、英語版ＢＵＹＭＡ？

このときはよくわかっていなかったのですが、ＢＵＹＭＡに出品者登録をしたときにチェックボックスに英語版ＢＵＹＭＡに出品を選択していると、自動で翻訳されて自動移行で英語版にも出品がされていきます。そうすると、日本のＢＵＹＭＡユーザー様だけでなく、全世界のＢＵＹＭＡユーザー様にも販売することができるのです。

まだまだ９割は日本在住のＢＵＹＭＡユーザー様とのお取引ですが、徐々に海外ユーザー様からのオーダーも増えていますので、今後のＢＵＹＭＡ市場の広がりには、まだまだ期待ができそうです。

英語版ＢＵＹＭＡで売れた先の国を見て驚愕

そろそろこのお話のオチは、読者の皆様もご想像しているとおりかと思います。

ＢＵＹＭＡでは、受注が確定すると、送り先である相手側の住所が表示されますが、その送り先を見て驚愕してしまいました。何と高い海外送料と関税を支払ってまで日本に運んでいただいたバックパックの送り先がシンガポールだったのです。

商品自体の大きさはそれほどでもないのですが、ブランドの付属品である化粧箱に入れると、かなり巨大になります。それでも十分利益は出るように算出した販売価格50万円以上で売れてくれたので問題はないのですが、何だか微妙な気持ちになる案件でした。

あのままシンガポールに置いていたらここまで大きな利益とはならなかったので、これもまた高値売りバイヤーとしても確かな本質的な土台がしっかりとあってこそだと感じております。単に販売価格や利益額がデカいから高値売りということではないのです。

言い換えれば、高い付加価値を創出する技術ということではないでしょうか？　これは誰かに学んだということではなく、自分自身の経験則から学びました。リサーチとかで人の真似をしていても決して身につくことのない確かな技術なのです。

•【爆益案件ケース⑤】～サイズ何でもいいから探して

新人バイヤーが認められるとき

ケース④までの爆益案件とは、ここからご紹介する案件は少しニュアンスが変わってくるのかなと思います。

ケース④までの案件は、どちらかと言うとまだ実績が少なく信頼度が低い段階での戦い方です。つまり、あちこちで在庫がないと断られ続けたＢＵＹＭＡユーザー様が、欲しい気持ちがMAXに高ぶった状態で回って来たときの戦略です。

実績がついてくると、そのような案件は確かに減り、普通にフランス等のユーロ圏の主要都市で普通に在庫が押えられるような楽勝案件が増えてくるのです。つまり、ＢＵＹＭＡユーザー様から選んでいただける優先順位というか順番が先のほうに来るということだと思います。

そして、もう1つ有難いことがあるのです。今回の案件は、そんな新人扱いから実績のあるバイヤーとしての境界線を僕のアカウントが越えたのだと感じることができた貴重な事例です。

２０１８年7月頃のお話です。まあ、これは余談ではありますが、この２０１８年7月にメインアカウントの『満足』評価が１００件となったので、出品制限がかかっている大人気ブランドであるモンクレールの出品許可を得るためのメールをＢＵＹＭＡ事務局に送りました。

評価数とは、単に１００件のお取引があれば１００件たまるわけではないので、思っていたより少し時間はかかりましたが、目標としていた1年以内というラインは大きく下回ることができました。そして、出品許可を申請したモンクレールの出品も、ＢＵＹＭＡ事務局からあっさりと認められたのでした。

このモンクレールでも驚くような案件を経験しておりますので、後ほど詳しく解説させていただきます。

アカウントの信頼度がお客様を変える

この年に大人気となった青色のアクセントが入ったデザインのコレクションには、サンダルもありました。このときに僕は、ルイヴィトンを扱うアカウントを2つ運営しており、そのメインアカウントとサブアカウントのどちらにもお問合せが入ったのでした。

・メインアカウント↓２０１７年10月↓出品開始↓【満足】評価数１００以上

・サブアカウント↓２０１８年02月↓出品開始↓【満足】評価数40以上

こんな状況から、どちらのアカウントにも、同じお客様から青色のラインが入ったサンダルに在庫確認のお問合せが入りました。しかし、そのお問合せ内容が、微妙に異なりました。

というのも、サブアカウントにはサイズ8（日本サイズ約27センチ）で在庫確認が入りましたが、メインアカウントのほうには「サイズ何でもいいから探してほしい」とお問合せが入ったのでした。

当然、お客様は、このメインアカウントとサブアカウントの両方を僕が運営しているなんてことは知る由もありません。どうしてこのようにお問合せ内容に違いがあったのかは想像するしかありませんが、実績があるメインアカウントのほうにこのような依頼が来たのは、お客様からの信頼度が異なることの証明ではないでしょうか。

ここで僕は、ある作戦を立てて実行することにしました。

サイズ何でもいいは販売価格いくらでもいいと同義語

結果的にこのときに確認できた在庫状況は、サイズ10（日本サイズ約29センチ）と、お客様からのご希望から4サイズも上になります。

ここからの説明は、ややこしいので全集中力を駆使して読んでみてください。メインアカウント（海外買付）とサブアカウント（国内買付）は、コンセプトをそれぞれ分けて運営していました。

当然、現地ヨーロッパで買い付けることを前提として販売価格の算出をしているメインアカウントのほうが同じサンダルですがBUYMAでの販売価格は安価です。サブアカウントは、元の公式販売価格がヨーロッパよりも高い日本で買い付けることを前提としてＢＵＹＭＡ販売価格を算出しています。したがって、ザックリとしたイメージですが、サブアカウントのほうが３割増しぐらい同じサンダルなのに高いことになります。

しかし、このときには、フランスにしか在庫が残っていませんでした。しかも、お客様からのオーダーよりも４サイズも大きいサイズの在庫です。

メインアカウントには、サイズ何でもいいから探してとのお問合せをいただいていますが、ここで僕は１つの賭けに出ます。だって、サイズは何でもいいから探してなんて、いくらでもいいから探してと言っているようなものです。

メインアカウントで値上交渉して販売してもいいのですが、もともとの販売価格が高いサブアカウントのほうが利益額の伸びしろは大きいです。仕入額は同じですから、販売価格が大きいほうが単純に利益額も大きくなります。

そこで、あえてメインアカウントでは、「在庫なし」と返答をしてみました。恐らくですが、この時点でお客様からすれば諦めていたのかもしれません。

しかし、その後、あまり期待をしていなかった少し実績が少ないサブアカウントのほうから、「世界に１つだけ在庫の確認ができました」と連絡が入るのです。

ここまでお膳立てすればどうなったかはご想像どおりです。４サイズも上でもプラス５万円でも欲しいとなり、もっと値上げすればよかったと後悔するほどでした。それでもサンダルたった１足で7万円の利益はあまりにも大きいです。

この値上交渉をしなくても2万円以上の利益は出せたのですが、こういう前のめりなお問合せには、多少の値上げは成立するのではないかと考えたとおりとなりました。

お客様自身が、実績があると思ったアカウントのほうが探せなかった在庫を、実績が少ないと思ったほうのアカウントが見つけてきたという事実も大きな後押しとなったのではないでしょうか？

それにしても、4サイズも大きなサイズのサンダルをどうするつもりなのでしょうね…。コレクションとして飾っているだけなのかもしれません。

・【爆益案件ケース⑥】～なんぼでも出すから探して

２０１８年登場のモンスター「MONTCLAR」とは

２０２０年は、梅雨が長く、ようやく梅雨が明けたと思ったらもうお盆です。そんな夏がようやく来たようなタイミングなのに、ＢＵＹＭＡではダウンジャケットの出品が始まるのです。

２０１８年7月にようやく『満足』評価が１００となって、ＢＵＹＭＡ事務局に出品許可の申請をしてあっさりと出品ＯＫとなったモンクレールの出品を、２０１８年8月頃には始めていました。

リサーチも一切していなかったので、モンクレールは出品をしてみて初めて知るのですが、ＶＩＰ安売りバイヤーさんが壮絶な価格競争を繰り広げるあまり美味しくないブランドのようでした。

しかし、それでも、直営店バイヤーとして有利なポイントは、セレクトショップよりも豊富な『在庫量』です。そして、在庫になりにくい、日本ではあまり人気がないとされる特大サイズを攻める等、価格面では対抗ができなくても、直営店買付、高値売りバイヤーとしても攻めるポイントはあります。

そんな中、空前の大ヒットとなるモンスタークラスの新商品が発売されたのでした。それがMONTCLARで、中卒で英語なんて全くダメな僕は、これでモンクレールと読むのだと思っていました（笑）。MONCLER（モンクレール）のMONTCLAR（モンクラー）という商品だそうです。

メールのやり取りだけで一撃で15万円の利益を叩き出す

MONTCLAR（モンクラー）は、襟の部分にMONCLER（モンクレール）とロゴが一周している感じのデザインのもので、黒と赤の２色展開でした。今では見たことがある人も多いかと思います。

余談ですが、モンクレール等がＢＵＹＭＡで出品制限がかかっているのは、偽物が多く出回っているブランドです。つまり、ＢＵＹＭＡでも、実績が多く信頼がないと出品が許してもらえないということです。モンクラーも偽物が多く出回っており、大阪の鶴橋でも露店で販売していました（笑）。

この大人気となったモンクラーですが、僕のアカウントには、驚くような依頼が来たのです。それが、今回の表題である「なんぼでも出すから探して」です。前章のように、前のめりなお問合せから値上げ交渉という流れではありません。最初から販売価格がいくらでもいいというのです。

とはいえ、18万円の商品を180万円でもいいということにもなりません。これは、お客様側も心理的な賭けをしているのだと思いましたので、無難な「プラス15万円でいかがでしょうか」と高い価格から交渉してみることにしたのです。元の18万円でも十分に利益が出る販売価格でした。値上額を15万円としたのは、利益もちょうど15万円ほどになる計算だったからです。

この利益を出すのに僕がした作業は、メールを送るだけです。お客様との数回のやり取り、現地への在庫確認&買付依頼、これだけなのです。

BUYMA無在庫販売が、仕組みを構築してしまえばいかに効率よく稼げるかは、この案件からもご理解いただけるかと思います。このやり取りだけでアルバイトの月収ほど稼いでしまうわけですからね！

無在庫販売だけにフォーカスして稼ぐ

確かに、この頃のメインアカウントでは、爆益案件ケース④までのようなミラクルな事例はなくなってきました。しかし、このケース爆益案件ケース⑤や⑥のようにお客様から認められた先にもこんな面白いケースがあるのだと感じています。

お客様との心理的な駆引きがなくても、最初からなんぼでも出すと言っていただけると楽ですよね！　こんな案件は、ルイヴィトンにもありましたので、次の章で詳しくお伝えさせていただきます。

結局、このモンクラーは、名称とか微妙にマイナーチェンジをしながら、２０２０年も販売しているようです。あの僕の爆益案件後も普通に在庫復活していたようですし、ルイヴィトンやシャネル等と比べると売れれば簡単に完売後も再販等してしまうブランドもあります。

ＢＵＹＭＡでは、完全に無在庫販売だけで十分に稼ぐことができますので、そのときに売れているからといって在庫を持ってしまわないように心掛けていきましょう！

・【爆益案件ケース⑦】～多少高くても欲しい

キャットグラムは何グラム？

２０１８年の年末頃には、キャットグラムという新作コレクションが爆発的な人気となっていました。特に猫好きでもない僕の第一印象は、「こんなのが売れるの？」でした（笑）。

しかし、そんな凡人の僕の予想など裏腹に、物凄い人人気となりました。というよりも、ここまでの事例を見た皆様もご理解いただいている頃だと思いますが、ルイヴィトンの新作コレクションが発売されれば毎回こうなるのです。

この後に発売されたモノグラムジャンボのシリーズも同じでした。最初、その斬新なデザイン、奇抜なカラーに度肝を抜かられるというよりもズッコケましたが、ハズレることがないのです。これこそが希少性にこだわり続けたルイヴィトンのブランド価値ではないでしょうか。

そんなルイヴィトンのキャットグラムにも、驚くような依頼が僕のメインアカウントに来たのです。

女性はやはり少し控えめ

サイズ何でもいい、なんぼでも出すという男性のお客様とは異なり、女性の方からは少し控え目な印象を受けましたが「多少高くても欲しいので探してください」とリクエストが入りました。

リクエストというのは、例えば、僕が出品していない商品であっても、まさにリクエストできるというBUYMAの機能です。しかし、このキャットグラムのパナムという商品は、普通に僕のメインアカウントで出品をしていました。

お客様側がリクエストすることのメリットなのか、リクエストだとお問合せ内容が通常の出品のように公開されないとこの女性のお客様が言っていたので、他の人に見られたくなかったのかもしれません。

こんな面を見ても控え目な印象ではありますが、女性はこうと決めたら譲らない本質も持ち合わせています。そして、財布の紐を握っていることも多いので、時に大胆な決断もしてくれます。

結果的に、このキャットグラムのパナムは、ヨーロッパでは完売しかけているタイミングでしたが、イギリスロンドンで何とか確保できました。

リクエストというのは、お問合せに比べると少し買ってくれる可能性が高い程度のステータスですが、これほどの前のめりなリクエストならば買っていただける自信がありました。後はいくらで販売するのか、そして通常より高い販売価格なら理由づけが重要です。

石橋を飛び越える

石橋は叩いて渡れということわざがあります。僕は、どちらかいうと叩き過ぎて壊してしまうような人生でした。

しかし、ＢＵＹＭＡ無在庫販売に挑戦してからは、その石橋を飛び越えてしまうような決断を何度もするようになります。もちろん、それがよい結果にばかり繋がったわけではありませんが、この案件ではその決断は大成功でした。

これだけ前のめりなオーダーが来るときは、大抵、在庫が完売しかかっているタイミングです。このキャットグラムのパナムも、僕が調べたタイミングでヨーロッパの在庫はロンドンにしかありませんでした。

そんなときに限ったことではありませんが、在庫確認の報告をするときには、「世界に１つだけ確認ができました」とお客様に報告するのはお約束です。そして、値上交渉をしたいときは、具体的なことは一切言いませんが、お取寄せが必要で、少々、諸経費がかかるという理由で値上げのご提案をします。

このときは、リクエスト出品なので、利益が20万円を超えるようにと想定して53万円の販売価格で出品ページをつくりました。仮に高いと言われれば、少しずつ下げて交渉するつもりでしたが、あっさりと受注が確定してしまいました。

やはり、欲しいものを買うときの女性の決断力は、男性とは比較になりません。もっと高くても買ってくれたのかもしれませんし、もちろん通常の計算で普通の利益を得る販売価格でも当然売れたと思います。

ただ、高くいき過ぎて交渉の余地もなく終わってしまう可能性もありますので、自信がない場合は、無理をせずに無難な利益（純利益15％ほど）を確保してください。僕は、売れなくてもいいと思って提案したのですが、こんなときほど交渉は都合よく決まるものです。

意図を読み違えると凄く大変

終始、お客様とのやり取りは良好で、大変喜んでいただいたのですが、この案件には大失敗となる後日談があります。

というのも、僕は、理解力があるほうだとは言えません。むしろ理解力はなく、字を読むのが非常に苦手で、遅いです。ちなみにですが、大好きな漫画を1巻読むのに1時間以上の時間がかかりますし、小さい頃に説明書を読むのが苦手で、説明書を見ずにつくれる簡単な安いプラモデルしかつくった経験がないのです。

そんな欠点を理解しているので、お客様対応は特に気をつけているつもりでしたが、この案件では致命的なミスをしてしまいます。

終始良好だったこのお客様には、「レアなアイテムを探してくれてありがとう」と言われていました。しかし、現地から送った後に、税関で止められたとの連絡がありました。正規品を正規価格で送ったとしても稀に止められることはあります。このときにどうすればいいかとのお問合せ内容について、僕は関税のことに関するものだと勘違いをしてしまいます。

そして、関税はBUYMA規約に基づきお客様負担との一点張りで対応をしてしまい、それまでとても穏やかだったお客様を遂にブチ切れ状態にさせてしまいます。それもそうですよね…。

今思えばわかることですが、53万円もする販売価格をあっさりと購入してくれたお客様が、関税のことぐらいでクレームをしてくるはずはなかったのです。単に初めてのことだったので対応をどうすればいいのか聞いているだけだったのに、僕が関税はBUYMA規約に基づきお客様負担としか言わないのですから、それは怒ります。

「関税ぐらい払う義務は存じています」と怒られて、すべてを悟りました！（汗）。結局は、僕が通関士に代わりに連絡をして対応をさせていただきましたが、最初からそうしていればよかったのです。

ハイエンド層の方の余裕

もうこのときは、初の『不満』の評価を覚悟していました。よくても評価自体をしてくれないというスルー対応です。

このスルー対応が地味に困るのが、これだけの高額商品のBUYMAからの入金が大幅に遅れてしまうことです。BUYMAでは、お客様が取引完了のお手続をしてくれないと、海外配送の場合23日以降に取引完了となります。受注確定後からすると1か月以上となってしまうような場合もあるようです。

BUYMAからも催促のメールが数日ごとに送られるようですが、通常なら僕からもお伺いするメールは送ります。しかし、このケースの場合は、評価の催促をすれば確実に『不満』となるようなミスを犯してしまっています。

仕方がないので待つしかないと諦めていたのですが、これがあっさりと取引完了のお知らせが届いたのでした。

恐る恐る評価の内容を確認したのは言うまでもありませんが、これがまさかの『満足』評価でした。評価のコメントを見ると、「行き違いはありましたが、返答は素早くとても丁寧、そして探していたレアなアイテムをお届けしてくれたことに感謝している」とのことでした。

あれだけ怒らせてしまったのに、最後には総合的な判断をしてくれるというハイエンド層の方の心の余裕を感じるエピソードになりました。

本当に涙が出るほど嬉しかったのですが、このお客様がたまたまだったのか、ここからはBUYMAならではの驚きのお金持ちエピソードをご案内させていただきます。

・【驚きのお金持ちエピソード①】～フレンチピンクに一目惚れ

お取引についてとは

ＢＵＹＭＡの出品ページには、『基本情報』、『レビュー・口コミ』、『お問い合わせ』、『お取引について』とタブがあります。

この『お取引について』というのは、取引上の注意事項が明記されており、ＢＵＹＭＡ出品者登録時に設定しておくとすべての出品ページに反映されます。

このお取引についてに明記する注意事項というのは、例えば、関税はお客様負担ですとか、返品キャンセルは一切できないとかいう出品ページに明記するには少し印象が悪いような内容が多いですが、お客様の立場で言えば見てないから知らないとは言えない内容のものになってしまいます。

ここには、「実際のお色目は写真とは異なる」旨が書いてあることが多いのですが、僕のアカウントでも当然そう明記していました。つまり、印象と違っても返品等は受け付けていないという意味のものです。

そんなことが明記してあっても、これは流石に返品を受けないわけにはいかないだろうと感じてしまうほど、今回ご案内する商品の見た目の印象は公式サイトの画像とは異なる色でした。

お客様からは、フレンチピンクに一目惚れしたとのお問合せをいただきました。僕が見ても鮮やかなフレンチピンクでした。

検品写真を見て驚愕

フランスに普通に在庫がある商品でしたので、買付を依頼、次の日の朝に起きて現地から届いた検品写真を見て驚きました。驚くというよりは商品を間違えたと最初は思ったのです。

直ぐに現地に連絡を入れると、まだ起きていた買付パートナー様から「商品の型番を確認して購入しているので間違いは絶対にない」と連絡が入りました。

それにしても、検品写真はどう見てもフレンチピンクではありません。ギラギラのメタリックでした。それもどちらか言うと、ピンクというよりはワインレッド？　これも写真をお見せできないのが残念ですが、見てみたい人はお手数ですが僕の公式noteをご覧ください。このメタリックをどう撮影すればあの可愛いフレンチピンクになるのか不明ですが、本当に商品型番は合っているのか確認すると、公式サイトに小さくこう書いてありました。

※実際のお色目はよりメタリック感が強く…。

いやいや、こんなこと公式サイトに明記してあるのなら自覚しているわけですし、写真を差し替えてほしかったと思うのは僕だけでしょうか？（笑）。もしかしたら、既にクレームがあったからこんな一文が後から明記されたのかもしれませんね！　ここまで違うと、流石に僕も気が引けて、キャンセルも承るとまずは検品写真を送ってみました。するとお客様の反応は意外過ぎるものでした。

「メタリックもカワイイ～（≧▽≦）/」。

こんな顔文字つきの返答でしたが、結局はそのまま購入してくれることになりました。僕が間違えているわけではないので当然と言えばそうなのですが、この案件にも後日談があります。

後日、お取引完了の通知が届いたので確認すると、当然『満足』の評価でした。しかし、評価コメントを見ると、「商品は間違えたが、とてもよいお取引でした」という内容だったのです。

実際は間違えてはいないですが、お客様は商品を間違えていたと最後まで疑っていたようです。それでも『満足』の評価をくれたので微妙な気持ちでしたが、これもお金持ちの方の驚きの余裕エピソードということで結果オーライとさせていただきます。

・【驚きのお金持ちエピソード②】～７万円のバスローブ

真夜中のゴールデンタイム

この案件は、僕のＢＵＹＭＡ人生の中で最も驚いた事例ではないでしょうか。

前章でも述べましたが、ＢＵＹＭＡでは、お客様がお酒に酔った勢いで衝動買いしてくれているのか、真夜中に何か売れていることが多く、いわゆるゴールデンタイムと呼ばれています。

このときは、まだＢＵＹＭＡ始めたばかりの２０１７年12月（ＢＵＹＭＡ無在庫販売開始３か月）

の出来事なので、早くそのように朝起きたら何か売れているなんて経験をしてみたいと思っていました。

とはいえ12月なので、僕のアカウントでもポツポツと売れ始めていたのです。そんなある朝に起きてみると、7万2，000円のドルチェ＆ガッバーナのバスローブが売れていました。

ドルガバは、直営店でも40％オフSALEとかやりますし、直営アウトレットもあります。また、セレクトショップでも扱いがあるブランドですので、VIP安売りバイヤーさんや有在庫バイヤーさんがしのぎを削る本来なら初心者向けではないブランドです。

しかし、僕自身がドルガバ好きだという理由だけだったのですが、当時のロンドンの買付パートナー様が強いコネがミラノの直営店にあるというので専用の出品担当者をつくりドルガバを扱うことにしたばかりでした。

僕のアカウントの出品ルール

基本的には、これまでの章でもお伝えしたとおりですが、ドルガバ等のいわゆるVAT抜き直送買付ができるブランドは、販売価格が10万円以下になる商品は扱わないというルールで出品をさせていました。それは、有在庫バイヤーさんとかとの差別化の意味もありますし、中には○○ユーロ以上でないと直送しないという条件のブランドもあったからでした。

それなのに7万円台の安い商品だったので、外注さんが間違えたのだとこのときは特に気にすることなく取引を進めます。自分では7万円台なんて高過ぎて買うことはありませんが、ＢＵＹＭＡ無在庫販売で扱う価格帯としては安価です。そもそもバスローブが似合うようなランクの人間ではありませんし…汗。

送金時に感じた異変

ＶＡＴ抜き直送買付というのは、原則的に日本から購入しているという建前ですから、現地の買付パートナー様には買付をしていただくのではなく、英語も全くダメな僕の代行をしてお取次ぎするような連絡係となっていただくのです。

とはいえ、いつもの海外買付と何もやることは変わりません。在庫の確認をしていただいて、あれば買付をチャットワークで依頼します。

直送買付ブランドになると、担当する直営店側のスタッフによって対応が異なります。例えば、支払方法です。このときは、まだできればカード決済で買付したかったほど資金力がまだ乏しかったのですが、販売価格が7万円台の商品です。気にもせずに進めていると、送金額が50万円以上だったのです。

しかし、直ぐに間違いに気づきました。僕が7万2，０００円と思い込んでいたバスローブは、何と72万円だったのです。朝一で確認したので寝ぼけていたのでしょうね！　それにしても嬉しい誤算でしたが、72万円のバスローブをＢＵＹＭＡで買っちゃうなんてどんな人なのでしょうか。芸能人?!

ドルガバはとてもクールなファンがいらっしゃるので、極力、連絡は必要最低限にしており、このときも数回のメールの最低限のやり取りしかしていないので、どんな人かも想像もできませんでしたが、きっとタワーマンションの高層階でワインかブランデー片手にそのバスローブを着ていそうですよね!

・【驚きのお金持ちエピソード③】~初めて売れた商品で僕が感じた未来

エルメスの歴史

エルメスは、1800年代にフランスのパリに高級馬具の工房を開いたことが始まりといいます。そんなエルメスの製品は、ナポレオンやロシア皇帝等の王族や貴族たちを顧客として発展していったそうです。

しかし、時代は、自動車の発展により馬車の文化は衰退をしていきます。そんな流れの中、高級馬具制作で培った高い皮革加工ノウハウを活かして財布、鞄等の制作に力を入れていき、現在に至るそうです。

エルメスの革製品にかけるこだわりが非常に強いのもこういった歴史に裏づけされているということなのでしょうね!

ロゴに秘められしエルメスの想い

エルメスのロゴに馬車と従者が描かれているのも、こういった歴史があるからだということがわかります。

しかし、そのロゴには、肝心なご主人様が描かれていません。エルメスが用意するのは、洗練された高品質の馬車（エルメス製品）で、従者はスタッフ、そして描かれていないご主人様はお客様自身ということなのでしょうね！

連綿と受け継がれし格式の高いこだわり

そんなエルメスには、本物の馬が使う製品が今なお存在しています。というのも、僕がＢＵＹＭＡ無在庫販売を開始して初めて売れた商品が、本物の馬が実際に被るイヤーキャップという商品でした。

そんな経験からエルメスの歴史を知ることになるのですが、それを知らない２０１７年10月当時は本当に驚きました。第一印象は、「何だこれ？」だったのですが、その歴史を知って納得でした。

何よりそのエルメスの馬が被るイヤーキャップからＢＵＹＭＡ無在庫販売の未来を感じ取ることができたのです。

ＢＵＹＭＡ初取引で馬主さんクラスに認められる

よく「ハイブランドはＢＵＹＭＡでの実績がついてから扱いましょう」と言うＢＵＹＭＡコンサ

ルタントがいると耳にします。確かに、ハイブランド品を扱ったことがない人からすれば、そのようにハードルが高く感じてしまうのかもしれません。しかし、ここまで、その考えは大きな間違いであるとお伝えさせていただきました。

事実、僕のこのＢＵＹＭＡ初取引を見ても、それは間違いないと言えるのではないでしょうか。エルメスの製品を自分の所有する馬に被せるなんてどれだけの収入があったらできるのでしょうか。軽く想像しただけでも桁が違うことが容易にわかります。そんな桁違いのハイエンド層の方からＢＵＹＭＡ初取引の新米バイヤーである僕でも認められることがあるのです。

単に、このときは、僕しかこの馬のイヤーキャップを出品していなかったのだろうという噂もありますが、それでも上質なサービスに慣れ親しんでいるようなランクの人からのオーダーにはAmazonのせどりをやっていた頃とは、明らかに異なる大きな可能性を感じました。その僕が感じたＢＵＹＭＡ無在庫販売の可能性とは、次のようなことです。

・ＢＵＹＭＡには馬主クラスのお金持ちが顧客として存在する。
・ＢＵＹＭＡでの実績がなくてもハイブランド製品が売れる。
・ＢＵＹＭＡ無在庫販売にはやっぱりリサーチが不要。

Amazonの物販では箱が少し汚いとかいう理由で返品されることもありましたし、メルカリでは値下交渉には応じないと明記してても挨拶代わりに値下げを要求されました。そんな状況に、数か月で嫌気が差すのですが、ＢＵＹＭＡではこの初取引の一撃でポテンシャルの違いを感じることになりました。

馬のイヤーキャップ自体はそれほど高額な商品ではありませんでしたが、それを購入する人の収入は１００万円のバッグ等を買ってしまう人よりも大きな可能性を感じることができます。

これは、キッズ商品と同じ論理ですが、自分自身に少し無理してエルメスの製品を買っちゃうことは考えられますが、自分の所有する馬に無理してエルメスの製品を買う人はいるとは思えません。

そもそも馬自体を無理して所有しないですよね！　そんな規格外のお客様が存在しており、正しく攻めていけばＢＵＹＭＡでの実績がなくても認めていただくことができるのです。

ＢＵＹＭＡ無在庫販売ではやっぱりリサーチ不要

食わず嫌いという言葉がありますが、僕はどちらか言うと理屈っぽい性格で、理屈に合わないことが大嫌いですが、逆に言えば理屈に合えばそれまで大嫌いだったことでも自分のライフスタイルとしてしまうこともあるぐらいなのです。

例えば、お菓子やジャンクフードが大好きで何かあれば直ぐに病院に行くような感じだった僕が、今では超健康オタク！　で健康な無添加食品ばかりを食し、病院なんて一切行かずに医食同源なんて言っているわけですからね！　どれだけ僕が理屈っぽい性格かわかると思います。

そんな僕が、リサーチ一切不要だと言っているのは、まるで理屈に合わないからに他なりません。

僕は、２０１７年の８月頃にＢＵＹＭＡ無在庫販売に出会いました。現在２０２０年８月からするとちょうど3年前のことです。当時は、出品を始める10月までの2か月間は毎日リサーチ漬けの生活をさせられました。今ではその名称も忘れてしまいましたが、様々なリサーチ法を学びました。

そして、結論として言えることは、理屈にはまるで合わないのでリサーチは一切不要です。

もしかすると、在庫量が少ないセレクトショップを仕入先としたノウハウには欠かせない作業なのかもしれませんが、在庫量が豊富な直営店買付には無駄な作業でしかありません。

例えば、僕が、あのまま言われたとおりにリサーチを続けて出品リストを作成して外注さんに出品商品の指示をしていれば、今回のエルメスの製品である馬のイヤーキャップに出会うこともありませんでしたし、前章でご紹介したヘビ革で金運がアップしちゃうこともなかったことなのです。

令和の時代にBUYMA在庫販売に参戦する後発組の人であれば、余計に遠回りなんてしている場合ではありません。最速、最短距離で人生を変えたいのであれば、正しいBUYMA無在庫販売の攻め方である直営店買付、高値売りノウハウをこの書籍で学んでみてください。僕自身が言うのも何なのですが、この書籍に出会ったアナタは本当にラッキーです。

・【驚きのお金持ちエピソード④】~一撃90万円のGUCCIドレス

ある大物歌姫の引退が影響して爆発的に売れたGUCCIのニット

2018年の夏頃には、ある大物歌姫が引退するとかで、日曜日のある人気番組に出演していました。

脱サラしてからの僕が一番大切にしていることは、家族との時間で、長くサービス業だった僕は土日祝日には必ず近場であってもどこかに家族と出かけるようにしていました。したがって、この大物歌姫が着ていたというGUCCIのニットも下に履いていたGUCCIのキュロットスカートのことも全く知りませんでした(笑)。

最近、このニットとスカートにやたらとお問合せや受注があるなぁ…って感じでしたが、後ほどイタリアの買付パートナー様に聞いてその事実を知ることになるのでした。

トレンドを追うのは上級者にお任せ

もちろん、こういった超人気アイテム！　を販売するのも1つの方法かもしれません。こんな話題も知らなかった僕でも何着か販売していますから、ルイヴィトン等に比べるとやはりGUCCI等のＶＡＴ抜き直送できるブランドは、比較的に在庫量も豊富です。

しかし、このときに僕は、もっと大きなオーダーをたった1人のお客様から受けていました。この超人気アイテム！　となったGUCCIのニットとキュロットスカートは、熾烈な奪い合いになっていましたが、その裏で僕は全く話題にもなっていない高額商品を販売して一撃で10万円を超える利益をメールのやり取りだけで稼ぎ出していたのです。

わざわざ熾烈な競争に打って出なくても、ＢＵＹＭＡ無在庫販売では楽に稼げる市場が広がって

【図表17　一撃90万円GUCCIドレスのオーダー】

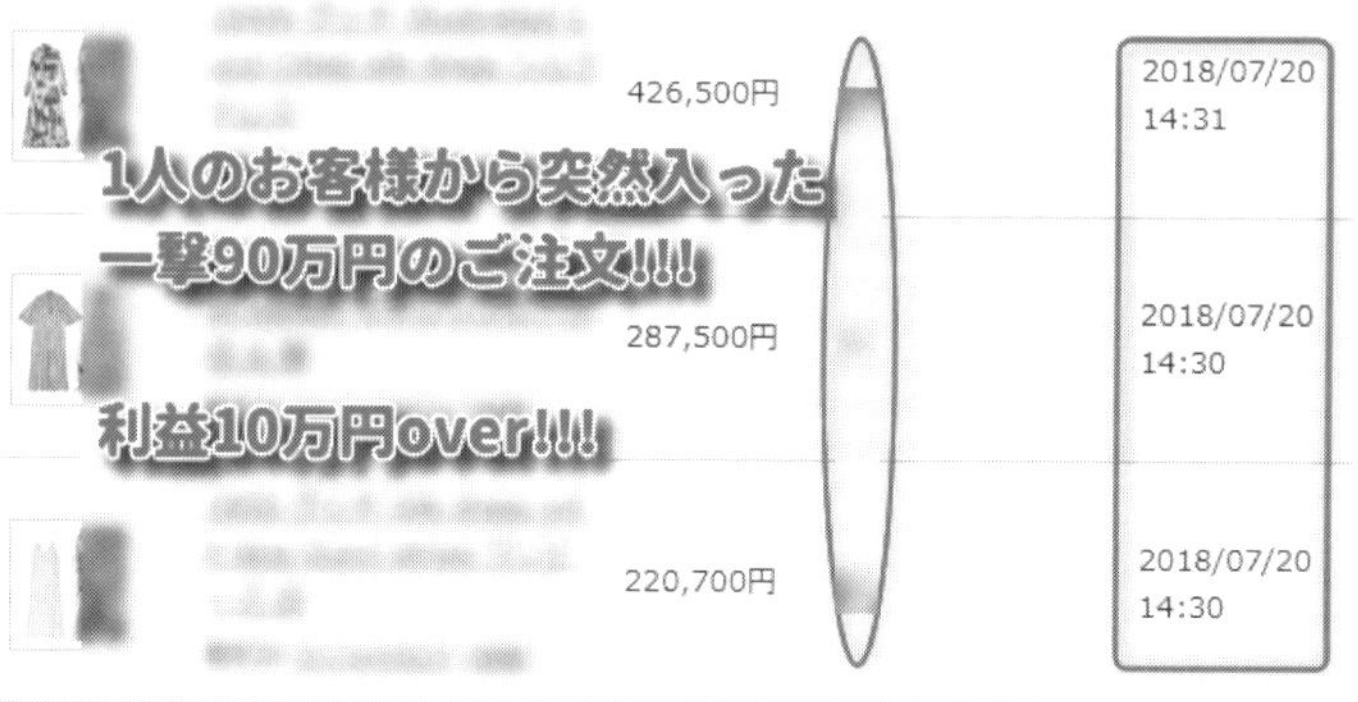

	426,500円	2018/07/20 14:31
	287,500円	2018/07/20 14:30
	220,700円	2018/07/20 14:30

います。リサーチ漬けになっているとそういうことにも気づけなくなり、上級者バイヤーさんと戦う羽目になってしまうのです。超人気アイテム等！　は、実績のある上級者にお任せしておきましょう♪

怒濤の3着同時にお買上げ

このGUCCIのドレスのオーダーには、本当に驚かされました。40万円、30万円、20万円ほどのそれぞれのドレスが、1人のお客様から一気に受注が確定したとＢＵＹＭＡからメールが届いたのでした。

現地の同じ直営ブティックに在庫が揃っていればもっと利益は出たのですが、そこまで話は上手くいきませんでした。それぞれ違う都市に在庫があったので、それぞれに海外配送料がかかってしまいましたが、それでも一撃で10万円を超える爆益です。

リサーチもせずに適当に出品をさせているだけで、このような凄い案件がくるのも、高値売りバイヤーとしての土台がしっかりとあるからこそだと思っています。

リサーチ漬けで超人気アイテム！　を追い続けるようなBUYMA活動がいいのか、僕は経験がないのでわかりませんが、イメージ的に考えても自分の手法のほうが明らかに効率よいと思います。

それにしても、こんな高額な商品を同時に3着も買ってしまうお客様が存在するという事実も、BUYMAならではのお金持ちエピソードだと言えるのではないでしょうか。

・【驚きのお金持ちエピソード⑤】～送り先を見てビックリ

見ただけでお金持ちとわかる住所

BUYMAでは、受注が確定するとご購入者様の住所（商品送り先）が表示されます。お問合せやリクエスト、仮受注の段階では、まだ住所等の表示はされていません。今回のお話は、受注確定後に商品送り先であるご購入者様の住所を見てビックリしたエピソードについてお話させていただきます。

読者の皆様の今後の活動にとって直接的に役立つ情報ではないのですが、BUYMAをご利用するお客様の質の高さを感じていただければ、BUYMA無在庫販売に対して挑戦してみたいという意欲が増して、行動をしてくれる人が1人でも多くなっていただければと思っております。まずは行動することが何事も大切ですからね！

そんなBUYMA無在庫販売では、お客様への送り先を見て驚くことは度々あります。当然、個人情報ですので具体的にはお話できないのですが、東京都港区○○の○○タワーマンション何千何号室とか横浜市西区○○○みらいのやはりタワーマンション何千何号室等々、タワーマンションにお住いの人が多いことも特徴的です。

まさかのリクエスト

1度、東京の赤羽にお住いの人から新宿のルイヴィトン直営ブティックにあるはずだから買付(レディース長財布)して来てもらえませんかとリクエストをいただいたことがありました。僕は大阪に住んでいるので、どう考えても自分で行ったほうが早いですし、当然、安く済むはずです。それでも喜んで承りましたが、とても不思議なご依頼でした。

相当忙しい人なのだと思いますが、何よりそんなリクエストをして来てくれることが、僕のアカウントの信頼度が高くなったのだと感じて何よりも嬉しかったです。

○○○○の後日談

通常は、送り先を見ただけでお金持ちと認識できる大都会のタワーマンションとかの住所が多いのですが、中国地方の○○郡○○で数字の表記がないような山奥に送りました。

過去には、砂漠の中の不夜城・ラスベガスにシャネルのロングブーツ送ったこともあります。

第6章　「ブランド事典」～「BUYMA無在庫販売」における扱い方・特徴解説

お願いとお断り

この章では、僕がＢＵＹＭＡ無在庫販売で扱ったことがあるブランドの〝直営店買付〟としての扱い方やそのブランドの特徴等を詳しく解説していきます。もちろん、個人の感想的な部分が大きくなる情報ではありますので、ご参考程度でお願いします。

今では扱っていないブランドもあるので、少し内容が異なる点がある場合は、ご容赦ください。あくまでも僕の主観ではございますが、ＢＵＹＭＡ無在庫販売で扱いやすい順番にご紹介していきます。

・【ブランド①～ルイヴィトン】

ＢＵＹＭＡ無在庫販売、入門編におすすめ

言わずと知れた全世界NO.1の売上規模を誇るフランスを代表する老舗ラグジュアリーブランドです。その歴史は古く、日本人で初めてルイヴィトンの製品を手にした人はあの板垣退助とも言われており、有名なモノグラム柄は日本の家紋をヒントにデザインされたとも言われています。

今では、日本人の４人中１人はルイヴィトンの何らかの製品を持っているとも言われているぐらいの人気も、こういった歴史にも深く関係しているのかもしれませんね！

そんなルイヴィトン全世界の売上は５兆円を超えるとも言われており、当然ＢＵＹＭＡでも一番売れているブランドです。そんなルイヴィトンのＢＵＹＭＡ出品者の数は、２０２０年８月現在で

１１００人ほどとまだまだ少ない印象です。

国内買付、海外買付

ルイヴィトンのＢＵＹＭＡ無在庫販売における扱い方は、初級編の国内買付と中級編でご紹介した海外買付になります。基本的には、直営店でしか取扱いがないので、非常に初心者にとっても扱いやすいＢＵＹＭＡ無在庫販売の入門編として一番おすすめのブランドになります。

何より公式サイトにある『店舗で探す』ボタンを押すと、表示されるＭＡＰで店舗在庫の検索ができることがアカウントを育てる段階においての出品のメンテナンス等の作業には非常に有難い機能です。

どの国の対応も一定の水準を高い状態で保っていますので、海外のお取置きがあまりアテにならない件を除けば、非常にサービスの質も高いブランドです。公式販売価格は日本よりも高くなりますが、ブラジルにレアなアイテムの在庫が残っていることが多いです。リオ、サンパウロには買付を代行してくれるパートナー様を見つけておきましょう。

・【ブランド②～シャネル】

シャネルの歴史

もともと王室御用達であった他の老舗、高級ラグジュアリーブランドとは異なり、孤児院出身のココ・シャネル1代で現在の地位を築き上げたと言われています。そんなココ・シャネルの名言も多く残されており、共感を得ている人も多いのではないでしょうか。そのシャネルも、フランスを代表する有名ブランドで、日本でも非常に人気があるブランドになります。

ＢＵＹＭＡにおける人気ランキングは、ＴＯＰ10入りしているものの、ルイヴィトンに比べると少しランクは低い印象にあるかもしれませんが、出品者は２０２０年8月でも５００人ほどと、僕がＢＵＹＭＡ無在庫販売を始めた２０１7年からほとんど変わっていません。

シャネルのお客様もお目が高い人が多いので、アカウントを認めてもらうまで少し手間がかかるかもしれませんが、売れ出すとルイヴィトン以上に売れるブランドです。ライバルがルイヴィトンの半分という点は、見逃せないポイントです。

シャネルも初心者向けである理由

出品者数を見ると一見扱いにくい印象があるシャネルですが、ＢＵＹＭＡ無在庫販売を始めた当初から扱っている僕が扱いやすいと言うので間違いありません。

まず一番の特徴は、他のヨーロッパブランドに比べると国ごとの価格差が非常に少ない点と、オンライン在庫がないことではないでしょうか。また、公式サイトに服や靴等のサイズの記載がないことも参入障壁となっているのかもしれません。しかし、それは逆に言うと扱いやすい特徴にもなっています。

例えば、国ごとの価格差が少ないのであれば、どの国の在庫であっても大きな値上げの交渉が必要ありません。それは初心者にとっては非常に有難いですよね。また、公式サイトはあるがオンライン在庫がないのも非常に有難いポイントになります。というのも、シャネル直営店が展開していないような地方に在住している人にとっては、都会にまで買いに行く手間が必要になります。それならば少し高くてもＢＵＹＭＡで購入しようとなる人も多いはずです。シャネルの新作コレクションをＢＵＹＭＡ以外のAmazonやヤフオクで買うなんて人はかなり少数派ではないでしょうか？

また、公式サイトにサイズの記載がないという理由で出品者がルイヴィトンの半分しかいないなら大チャンスです。ＢＵＹＭＡでわからないことがあれば、必ずＢＵＹＭＡの中に答えはあるものです。既にシャネルを扱っている実績の高いバイヤーさんの出品ページを参考にすればいいですし、日本のカスタマーサポートに電話して聞けば教えてくれます。そういう意味でのリサーチは僕自身も必要だと思っています。

国内買付、海外買付

シャネルもＶＡＴ抜き直送等は一切できないブランドなので、基本的には初級編の国内買付か中級編の海外買付で扱います。

ルイヴィトン以外のブランドは、現地の在庫確認を買付パートナー様が展開する国ごとにしなければいけませんので、ルイヴィトンで少しアカウントを育ててから挑戦することをおすすめします。

国内買付では、自分で簡単に在庫確認ができるので、ルイヴィトン同様に最初から扱えますし、公式サイトにオンライン在庫がないので需要も比較的に高い傾向になります。

・【ブランド③〜エルメス】

こだわり強いエルメスの特徴

エルメスの歴史について詳しくご紹介させていただきましたので、この章では割愛させていただきます。

エルメスも、ＢＵＹＭＡブランドランキングでは売れ筋ランキング、狙い目ランキングとも、常にＴＯＰ10入りしている人気ブランドです。

また、出品者数もシャネル同様にルイヴィトンの半分である５００人ほどしかいません。この人数も、僕がＢＵＹＭＡ無在庫販売を始めた２０１７年からあまり変わっていないので、非常に狙い目であるブランドの１つになります。

ＢＵＹＭＡでは、スカーフや靴、アクセ系等がよく売れている印象です。革製品に対するこだわりが強いことは前章でも述べましたが、財布や鞄の在庫確認は店舗まで足を運ぶか、お取引があったときに直営ブティック側の担当者のワッツアップ等、連絡先を聞いておくしかありません。

最初は、革製品以外のカテゴリーを攻めるか、革製品はオンライン在庫で確認、出品メンテナンスをしていきましょう！

海外買付

このようなエルメスの革製品に対する強いこだわりと顧客管理等を徹底する姿勢からなのか、国内買付ではあまり売れるイメージがありません。エルメスは、直営ブティックで直接お買物する人が多いということではないでしょうか。

また、VAT抜き直送も基本的にはしてくれないブランドですので、日本完売品や未入荷アイテム狙いで現地海外買付メインで扱っていきましょう！

・【ブランド④～セリーヌ】

メンズライン始動

フランスを代表するラグジュアリーブランドであるセリーヌは、比較的にシンプルなデザインの製品が多く、世界のセレブたちにも広く愛されている人気ブランドです。もともとは、レディース製品だけでしたが、2019年頃にはメンズラインも発表されて、現在最も勢いがあるブランドの1つです。

2020年8月現在、BUYMAの出品者数は800人ほどで、ブランドランキングにおいては売れ筋、狙い目とともにＴＯＰ３に入ることが多い日本でも非常に人気のあるブランドです。

商品の回転がルイヴィトンやシャネルよりも早い印象で、出品してお問合せや受注が入る頃には公式サイトにはもう記載されていないこともあります。それでも、現地店舗に確認をさせると在庫が普通に残っていることも何度もありました。

どのブランドにも言えることではありますが、出品時には必ず商品型番を忘れずに入力をしておきましょう！　モデルもマイナーチェンジ的な変更も多くあるので、商品型番がなく写真とか商品名だけで確認をすると間違えてしまい、トラブルの原因になりかねません。

国内買付、海外買付

比較的にどの商品カテゴリーも売れるイメージですが、無在庫バイヤーとしてはセオリーどおりにサイズのある商品カテゴリーから攻めていきましょう！

財布やバッグ等は、旧作がセレクトショップ等で扱っている場合もあって、安売りバイヤーさんが多くいる印象もありますが、直営店、高値売りバイヤーとして無視の姿勢で問題ありません。

国内買付では、小物系が売れやすいと言う人が多いようです。シンプルなデザインのものが多いので、エルメスのように色やちょっとしたデザインに強いこだわりを持ったお客様が多い印象です。

例えば、全く同じ色でも、旧ロゴのデザインでないとダメなんてオーダーも何度かありました。そんなときにご要望の旧ロゴのタイプをご用意できる買付力があれば、爆益に繋がることも珍しくないと思います。

・【ブランド⑤〜ディオール】

Baby Dior

ファッション業界TOPに君臨するフランス発のモードブランドです。メンズファッションのイメージが強いですが、レディースファッションにベビーラインと、あらゆるジャンルで高い支持を受けているディオールは、日本でも非常に高い支持を集めています。ベビーラインがあることも、これまでご紹介した他のラグジュアリーブランドとは大きく異なる特徴です。

BUYMAでの売れ筋ブランドランキングは20位台と中堅的な位置づけですが、出品者数は2020年8月現在600人ほどと少ないです。

国内買付、海外買付

ディオールも、基本的にはVAT抜き直送等はできないブランドですので、安売りバイヤーさんがいたとしても無視で構いませんので、高値売りの姿勢を貫きましょう！

キッズカテゴリーがおすすめであることは前章でも述べましたが、最初の段階では積極的に扱ってみてください。自分自身が無理してディオールを着用している人は多いかもしれませんが、わが子にディオールはなかなかの収入がないと困難です。それだけ質の高いお客様が多い可能性があるので、初心者の人にとっては扱いやすいカテゴリーになります。

また、キッズカテゴリーは、比較的に安価な価格帯であることも有難いですよね！　そのためか、扱っているバイヤーさんが少ないとお客様が言っていたこともあります。ライバルが少ないことも、非常に最初の段階では助かります。

・【ブランド⑥～ベルルッティ】

パティーヌ？　スタンプ!?

お洒落には特に煩い超ハイエンド層！　の方たちに強い支持を受け、愛され続ける至高のハイブランドであるベルルッティは、フランスの高級紳士靴です。もちろん、アパレルやアクセサリー、財布に鞄等の革製品も人気です。僕の周りにも、ベルルッティが好きな人に中途半端なお金持ちは存在しないイメージです。

そもそも僕自身は、BUYMA無在庫販売を始めるまで、その存在も知りませんでした。そんな超ハイエンド層！　の方々に愛され続ける理由の1つが、『自分だけ』―これを叶える様々なサービスにあると言われています。

1部の素材にのみ施されるという染色技法パティーヌは、全40色が揃えられていますが、手作業で施されるのでそれぞれの趣きになると言われ、完全に手づくりのため1つひとつの商品に刻まれた文字や模様もまたそれぞれ同じ商品でも違うとされています。

中でも、スタンプと呼ばれるロゴのような模様の数で、同じ商品であってもその価値が大きく変わってしまうことがあるようです。

海外買付

僕が扱い出した頃には、「パティーヌできますか」「スタンプの数は」とまるで意味がわからない質問が多く来ましたが、ＢＵＹＭＡ無在庫販売での扱いとしては、パティーヌはできない、スタンプの数は保証できないというスタンスでいいと思います。また、そういったサービスとは関係ない商品カテゴリーもあるので、慣れるまではそちらを扱ってみましょう！

海外買付における注意点は、電話で在庫確認すると在庫ありと言われた商品でも、実際に店に足を運ぶと在庫がなく、違う商品をすすめてくるなどということがよくあります。わずかとはいえ、交通費もかかってしまうので、確認する際には気をつけてもらってください。

ＢＵＹＭＡにおける出品者の数は２００人ほどと極端に少ないのも見逃せないポイントです。扱いにくい印象があったり、そもそも存在を知らない人も多いブランドですので、早い段階で扱い方を身につけてしまえば、とても有利であることは言うまでもありません。

比較的に扱いやすい商品カテゴリーもあるので、そこから挑戦してみましょう！

・【直送ブランド①～グッチ】

直送ブランドの代表

ここからは、上級編であるVAT抜き直送が可能になるブランドの特徴について、僕が扱った上での個人的な見解をお伝えさせていただきます。

直送という言葉の意味は、VAT抜きで日本のお客様に直接送っていただけるブランドという意味ですので、これ以後はそのような解釈でお願いします。

そんな直送ブランドの代表ともいえるグッチですが、BUYMAの出品者は、2020年8月現在1800人ほどと、これまでご紹介したブランドの中では一番多いです。しかし、まだまだ参入できる余地は多く残されていると感じています。

BUYMA売筋ブランドランキングでも常にTOP3に入るような大人気ブランドです。とはいえ、直送ブランドにはVIP安売りバイヤーさんも多くなるので、直営店買付をするバイヤーとしては、しっかりとした戦略を持って挑んでいきましょう！

セオリーどおり

VAT抜き直送の有無や支払方法等、ブティック側の担当者によってかなり変わってきます。何度か取引を重ねて都合のよい担当者を現地と連携して見つけていきましょう！

中には、最初のお取引から決済リンクをメールで送ってくれて、カード決済できるようにしてくれる場合も普通にあります。逆に、財布やバッグは、直送NG等、後から急に言われることもあるようです。

直営店買付の無在庫バイヤーとしては、ここはセオリーどおりにサイズのある服や靴系の高価格帯の商品カテゴリーを攻めていけば、特に問題になることも今のところありません。

シンプルで洗練されたデザインで人気

基本的にはそうなのかもしれませんが、僕が扱っている高価格帯のドレス等には、驚くような奇抜なデザインや派手なカラーの商品が多くあります。

特に公式サイトに掲載されている商品を着用しているモデルさんは外国人の方なので、その印象にもさらに拍車をかけています。しかし、これ売れるのなんて怯まずに、出品をしていきましょう！

時に驚くようなオーダーが来るかもしれませんよ！　僕の一撃90万円のオーダーのように…。

・【直送ブランド②～バレンシアガ】

２つの顔を併せ持つ

バレンシアガは、どちらか言うとストリート系のブランドであるイメージが強い人が多いのではないでしょうか。僕もＢＵＹＭＡで扱うまではそんなイメージでした。

しかし、クチュール界の建築家とも称される創始者が興したファッションブランドは、様々な顔を持ち、幅広い世代から絶大な人気を誇っています。とはいえ、扱うのならラグジュアリー系の高価格帯かキッズカテゴリーだけで十分だと思います。

ストリート系の商品を扱ったこともありますが、少し元気なお客様もいますし、サイズ感等の質問がやたらと多く大変でした。無在庫バイヤーとしては、そのような質問をされても、日本のカスタマーサポートに電話して聞くだけなのですけどね…。

ＢＵＹＭＡ売筋ランキングＴＯＰ５常連

ＢＵＹＭＡにおける出品者数は、２０２０年8月現在１５００人ほどと少し多い印象ではありますが、売筋ブランドランキングでは常にＴＯＰ５に入るような大人気ブランドです。まだまだ今からでも参入していけるポテンシャルは十分にあるブランドです。

直営店買付における正しい攻め方は、無在庫販売としてのセオリーどおりです。

直送の条件も〇〇ユーロ以上等、ブティック側の担当者によって異なる場合があるので、事前にしっかりと打ち合わせておきましょう。

ラグジュアリー系の服の高価格帯は、普通に高値売りでも売れるので、最初から無理に直送にこだわらなくてもいいかもしれません。

・【直送ブランド③～クリスチャンルブタン】

ロンドンの路面店は即ＯＫ

レッドソールと呼ばれる深紅の靴底がトレードマーク、またスタッズと呼ばれるまるで凶器のようなトゲトゲも特徴的です。そのデザインに魅了された世界のセレブも多いことで有名です。

そんなクリスチャンルブタンも、ＢＵＹＭＡではＶＡＴ抜き直送買付で扱います。イタリアの直営ブティックは、何度かお取引を重ねないと直送を承ってくれないことが多いようですが、ロンドンの路面店では即ＯＫでした。これもブティック側のスタッフ次第ですので、諦めずに交渉をしてみてください。

クリスチャンルブタンはプレゼントに最適?!

２０２０年８月現在のＢＵＹＭＡ出品者数は８００人ほどとまだまだ少ない印象です。売筋ブランドランキング、狙い目ブランドランキング共にＴＯＰ10入りすることも多い、日本でも非常に人気の高いブランドです。

財布やスマホケースもよく売れるようですが、ＶＩＰ安売りバイヤーさんが有在庫で大安売りしているカテゴリーなので、無視をしておきましょう！

攻めるべきカテゴリーは、靴系の1点です。バッグやベルトも売れるようですが、優先順位は低めで大丈夫です。とにかく靴系の商品を攻めていきましょう！　レッドソール、靴底の真っ赤な色がそうさせるのか？　年末に近づくと男性のお客様から女性用のハイヒールのご注文が多くなります。中にはクリスマスの数日前にお問合せが来て、24日までに間に合わせてほしいといった無茶振りもありました。

商品を送ってしまった後に、彼女さんと別れてしまったのでキャンセルしてほしいと頼まれたこともありましたが、丁重にお断りさせていただきました。発送する前でしたら承りましたが…。

プレゼントっぽいときは、頼まれなくてもギフトラッピングとメッセージカードは添えて送ってあげてください。直営店なら無料で承ってくれます。とはいえ、赤いリボンが付く程度ですが大変喜んでいただけると思います。

年末のこの時期、女性のお客様からは、ハンカチ的なものや、せいぜいネクタイぐらいのご注文はチラホラとありますが、ハイヒールのお返しがハンカチやネクタイなら割に合わないですよね…。

・【直送ブランド④〜ドルチェ＆ガッバーナ】

その香水のせい？

イタリアを代表する世界的なファッションラグジュアリーブランドで、僕も大好きなブランドです。最近は何かと話題になるドルガバですが、直営店の対応は比較的に協力的なブランドです。

ＶＡＴ抜き直送買付はもちろんＯＫですし、カード決済も最初からさせていただきました。ブティック側の担当者と仲よくなれば、検品写真も用意してくれます。

また、年に数回、40％オフSALEとかも、ドルガバは直営店でもあります。そんなSALEのご案内をわざわざイタリアから国際電話にてお知らせしてくれたこともありました。もちろん、僕は何のことかわからなくて電話は全く会話になりませんでしたが、後日、イタリア買付パートナー様がSALEのご案内だったと教えてくれました。これもそのときに聞いたのですが、僕はドルガバのＶＩＰカスマターに認定されていたようです。

ドルガバランキング1位GET

ドルガバは、ＢＵＹＭＡ売筋ブランドランキングでは20位ほどの中堅ブランドですが、出品者数は１０００人ほどです。これは、どのブランドでも同じかもしれませんが、売れ出すと本当によく売れるブランドです。

僕は、セオリーどおりにサイズのある商品カテゴリーの高価格帯ばかり攻めていたので、そんなに沢山の数を販売したわけではないのですが、気づけばドルガバが得意なショッパー1位に輝いていたこともあります。

そんなドルガバが得意な僕が、正しいドルガバの扱い方を詳しく解説していきます。

香水のせいではなかった

そもそもドルガバは、服や靴系の商品カテゴリーが人気あるブランドです。財布やバッグ等が売れないわけではないのですが、そんなに高い価格帯でもないですし、安売りバイヤーさんの多いカテゴリーでもあるので、セオリーどおりにサイズのある商品カテゴリーだけで十分ビジネスは成立します。

最近は、香水も有名ですが、日本のアカウントで海外コスメ系は扱えません。お金持ちエピソードでも触れましたが、時に物凄く高い商品が売れたりもします。あの70万円台のバスローブの他にも70万円以上のラム革のブルゾンを販売したことがありますし、40万円以上のドレスなんかもよく売れました。

靴はスニーカー系が人気ありますが、かなり派手なハイヒール等もよく売れます。服も派手なデザインや奇抜な柄、カラーの商品が多いですが、普通に売れるのでその派手さに怯まずに出品をしていきましょう！

派手好きなお客様はとっても元気

他のブランドに比べると、少し元気なお客様がいらっしゃる印象です。基本的には、小まめな連絡を心がけていますが、それを鬱陶しいと感じるお客様もいるようです。本当に相手次第ではありますが、何もなければ必要最低限の連絡でいいかもしれません。

また、稀にですが、関税を送料と勘違いしてしまう人もいます。「送料０円と明記されているのに筋が通らない」と言われたことがあります（笑）。筋が通らないなんて初めて言われた気がするぐらいのお言葉でしたが、丁寧に説明したら筋が通ったみたいです。

ＢＵＹＭＡの発送期限は18日間もある

現地直営ブティックのスタッフの中には、少しチャラ系な感じの人もいるようです。協力的で大変ありがたい面は多いブランドですが、少しいい加減な面もあります。

直送ブランドは、基本的にどのブランドも発送までとても時間がかかります。何の手続をしているのかわかりませんが、毎回驚くほど遅いです。ＢＵＹＭＡでは、発送期限は18日間もありますし、発送期限の延長もできますが、急いでいそうなお客様には予めお取寄せになるとか言って遅くなることを先にお伝えしておきましょう。過去には、いつもの手続で遅いのだと思っていたら、スタッフが忘れていたこともありました。

ＢＵＹＭＡからは、５日ごとに催促の連絡が来るはずなので、それぐらいのタイミングで現地では確認をとっていただきましょう。

しかし、発送さえされれば、民間の運送会社を使うので、ビックリするぐらい届くのは早いです。お客様の立場では、待ち侘びた頃に僕からの発送通知が届くのですが、その発送通知から届くまでが凄く早いので、気持ち的にはプラマイゼロになっているようで、その件で『不満』の評価をされたことはありません。

ドレス系は、シワにならないようにハンガーにかけた状態で梱包するので、ダンボール箱がかなり巨大になることがあるようです。発送通知の際に、「シワにならないための配慮で箱がかなり大きい」と事前にお伝えしておきましょう。

・【直送ブランド⑤～メゾンマルジェラ】

財布やバッグも普通に売れる

タビ型のブーツや、白い4つの糸の縫い目が特徴的なフランスのファッションブランドです。僕のイメージ的には、女性の人気が高いブランドでしたが、熱狂的な男性のファンも多いようです。

意外と財布やバッグも売れるので、たまにはセオリーを気にせずに攻めてみるのも面白いのではないでしょうか。

どうせ無在庫販売なのですし、このブランドを扱う段階であれば、BUYMA無在庫販売での実績も上がってきた頃だと思います。


出品者が多い？

BUYMAの出品者数は1200人ほど、ブランドランキングでは売筋ランキングでTOP10入りすることも多い人気ブランドですが、狙い目ブランドランキングでは40位台とかなり下位になるので、出品者が少し多いのかもしれませんね！

それでも、売れ出すと熱狂的なファンが多いイメージなので、よく売れると思います。

・【直送ブランド⑥〜ミュウミュウ】

可愛いデザインが人気

プラダの姉妹ブランド、セカンドラインとして有名なラグジュアリーブランドです。以前はメンズコレクションの展開もあったようですが、今ではレディースだけになったようです。

高級感のあるデザインの商品も多くありますが、どちらか言うと少女のような甘い感じの可愛いデザインが人気です。赤やピンクの鮮やかな色にリボンがついているようなイメージですよね！

直送交渉はハードル高い?!

イタリアでは、最初からは断られることが多いようです。少しお取引を重ねてから、担当者と仲よくなって交渉をしてみてください。しかし、何故かロンドンの路面店では、クリスチャンルブタン同様に一発でOKをいただきました。ロンドンの路面店は、必ず交渉をしていただきましょう！

BUYMAブランドランキングでは、TOP50位入りはどうにかしているものの、それほど人気上位ではありませんが、出品者数は７００人ほどとまだまだ少ない印象です。

熱狂的な女性ファンが多く、高価格帯の服もよく売れるので、見逃せないブランドではないでしょうか。

・【直送ブランド⑦～ボッテガヴェネタ】

イントレチャート

イタリアを代表するラグジュアリーブランドで、上流階級の方にも非常に人気があるブランドです
イントレチャート（編込み）の元祖と言われ、その控え目でありながら、高級なデザインと洗練された素材や確かな機能性が男性、女性問わず世界中の多くの人から支持される理由ではないでしょうか。
ボッテガヴェネタを愛用すると噂される有名人の面々もなかなかのクラスの人が揃っています。

財布やバッグを攻める

ＢＵＹＭＡブランドランキングでは20位台の中堅ブランドですが、出品者数は９００人ほどとまだまだ少ないです。

スニーカー等もあるようですが、財布やバッグの高価格帯を狙っていきましょう！

安売りバイヤーさんは、10万円台の商品を多く扱っているようなので、それ以上の高額な商品を優先的に出品していきます。1，000ユーロ以上でないとVAT抜き直送買付NGと言われることもあるようですので、ちょうどいいです。

・【直送ブランド⑧～ヴァレンティノ】

セオリーどおり

イタリアの老舗ラグジュアリーブランドです。商品カテゴリーは、広く展開していますが、セオリーどおりにサイズのある商品の高価格帯を攻めていきます。

特に女性物の服がよく売れる印象です。30万円以上もするワンピースが何度も売れたことがありました。スニーカー系もとても人気があるブランドですので、どんどん攻めていきましょう。

ライバル多し

BUYMAブランドランキングでは、常に10位台に位置する人気ブランドですが、安売りバイヤーさんが非常に多いブランドです。出品者も1100人ほどと少し多い印象です。

高価格帯を中心に攻めて、売れたらラッキー的な扱いで大丈夫と思います。

ヨーロッパブランドとしては珍しいのですが、ロゴの使用に煩いと噂があります。ＴＯＰ画像にロゴを使っているバイヤーさんも多いですが、念のため気をつけておきましょう。

・【直送ブランド⑨～ロエベ】

セオリーどおり

王侯貴族に愛される一流の皮革製品、スペインのラグジュアリーブランドです。

３，０００ユーロ以上でないとＶＡＴ抜き直送買付ＮＧと言われるので、商品カテゴリー問わず高価格帯を攻めていく感じです。

ＢＵＹＭＡでは、低価格帯は安売りバイヤーさんが幅を利かせているので、高価格帯を扱うのは明確な差別化になって、無在庫販売、直営店買付に向いた戦略です。

狙い目ブランド

その他のブランドと比較すると、非常に知名度は低い感じがしてしまうのですが、ＢＵＹＭＡ売筋ブランドランキングでは常にＴＯＰ10入りしているような超！　人気ブランドです。

出品者数も１１００人ほどと売筋ブランドランキングＴＯＰ10入りするブランドとしては少な目なので、狙い目ブランドランキングでもＴＯＰ10入りしていることが多い印象です。

・【直送ブランド⑩〜他にもいろいろある】

ヴァレクストラ

日本では、まだまだ知名度の低いブランドで、僕も最近知りました。

ＢＵＹＭＡ売筋ブランドランキングでも見かけることが少ないのですが出品者数は１３０人ほどとめちゃくちゃ少ないです。そのためか、出品するとカテゴリー問わずに何でも売れるイメージです。

本当は教えたくなかったブランドNO.1と言っても過言ではありません。

本書を買ってくれた人には特別に教えちゃいますが、交渉をすれば海外送料までブティック側の負担としてくれることがあるそうです。

知名度の低めのブランドは、非常に協力的ですので、新規開拓していくのも面白いです。

ヴェルサーチ

僕ら世代の人にはお馴染みのブランドですよね！　１９９０年代頃には、一部では非常に強い支持を得ていたブランドです。今では、ＢＵＹＭＡ売筋ブランドランキングでもたまに見かける程度のブランドとなってしまいましたが、まだまだ根強く支持している人は多いようです。

僕のアカウントでは出品をしていませんが、僕のコンサル生のアカウントでは2月に水着が売れたりしていました。

ちなみにですが、2月には、3月の春休みに海外旅行に行くのか水着やサンダル等の夏物がよく売れます。そんなタイミングでは、なかなかの高値売りも決まりやすいので、来年は仕込んでみてはいかがでしょうか？　そんなヴェルサーチの水着は上下バラ売りでした（笑）。

プラダ

ＢＵＹＭＡ売筋ブランドランキングではＴＯＰ３入りすることもある言わずと知れた人気ブランドではありますが、安売り系のバイヤーさんが非常に多く、ＢＵＹＭＡでは飽和しているイメージが強いブランドです。

出品者数は１２００人ほどで、売筋の商品は比較的に安価なものばかりですので、プラダもセオリーどおり高価格帯の商品の一撃狙いでいいと思います。

ＶＡＴ抜き直送買付も1，０００ユーロ以上と言われることもあるようです。レディースのドレス系の商品がとても高額なので、その辺を中心に狙っていきましょう！

ジバンシィ

フランスの老舗ファッションブランド、コスメラインの印象が強いブランドですが、意外とメンズ商品にも人気があるブランドです。

やはり、低価格帯は安売りバイヤーさんが多いブランドですので、アウターやジャケット等の高価格帯を狙っていくことが差別化となります。

ＢＵＹＭＡ売筋ブランドランキングでは20～30位台の中堅ブランドで、出品者は１１００人ほどとやや多い印象です。

マルニ

比較的安価な商品が多く、バッグ等であってもそんなに高くありません。

ＢＵＹＭＡ売筋ブランドランキングでは20～30位台の中堅ブランドで、出品者は９００人ほどと何とも言えない位置づけです。

直営店、無在庫バイヤーとしては、セオリーどおりにアウター、ジャケット、ドレス等の高額な商品を攻めていきましょう！

おわりに　本書を書いている今（2020年8月）、想うこと

宝くじが当たらないかと祈る人生を止め、1歩踏み出した先にあったもの

雇われ人生の延長線上に、光り輝くような素敵な未来は待っていない！　そう気づくのに、僕は46年もの時間を要してしまいました。

行きたくもない会社に通い、やりたくもない作業をやり続ける毎日、そんな人生の先に僕が望むような未来は待っていないと、ほんの数年前に1歩踏み出してみたのです。

それまでの僕は、若い頃はよかったと考えるだけで、年に数回だけ宝くじを購入して祈るしか人生を変える方法を知りませんでした。

しかし、ほんの1歩踏み出した数か月後には、人生が大逆転してしまったのでした。今では、人生の中で最高の刻を家族と共に過ごしています。好きな時間に起きて、好きな時間に寝るなんてつまらないことではありません。

例えばですが、サラリーマン時代には、車の走行距離が1年で3000キロほどしかなかったのが、脱サラ後の1年では10倍の3万キロを超えました。次の年は何と半年で3万キロを走っています。

もちろん、仕事の移動でもたまに使用はしていますが、9割以上は家族で好きな旅行に使っています。人生が変わったと実感する瞬間とは、お金だけでなく、自由な時間も同時に稼げるようになっ

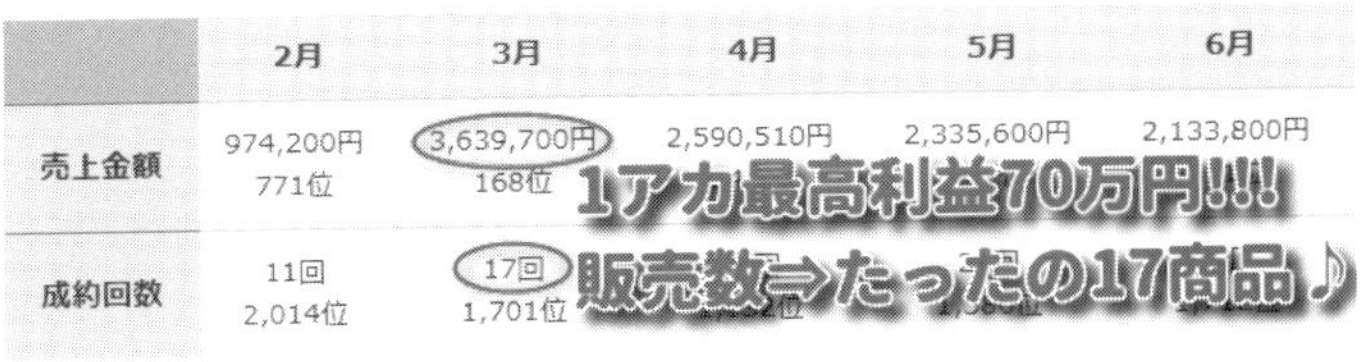

	2月	3月	4月	5月	6月
売上金額	974,200円 771位	3,639,700円 168位	2,590,510円	2,335,600円	2,133,800円
成約回数	11回 2,014位	17回 1,701位	[illegible]	[illegible]	[illegible]

たときではないでしょうか？

失敗の向こう側にあるもの

失敗を恐れて何もしないことが、令和の時代においては一番の大失敗ではないかと思います。会社勤めをこのまま続けて、収入が倍になることがこの先にあるのでしょうか？

仮にあったとしても、それは何年先で、そのときに自由な時間がどれだけあるのか？

何かに挑戦することは、必ず小さな失敗を伴うことが多いですが、その先、同じ方向に成功もあります。僕は、ＢＵＹＭＡ無在庫販売に挑戦してみて、ほんの6か月で収入が倍増しました。そして、クビとはいえ、長年の夢だった脱サラも果たしたのです。

失敗を恐れて、あのまま何も挑戦せずにいれば、２０１８年の2月頃に会社をクビになることもなかったのかもしれませんが、その会社はほんの2年後の２０２０年の1月に倒産して店を急に閉店しています。

失敗を恐れず挑戦したなんて言えば嘘になりますが、結果論とは言え、失敗を恐れつつも挑戦してみて本当によかったと思います。

２０１７年10月頃からＢＵＹＭＡで出品を始め、半年後の２０１８年３月にメインアカウントだけで上図の結果を出すことができました。

何より見ていただきたいのが、この実績はたったの17商品を販売しただけで達成してしまったという点です。これがAmazonせどりを続けていたなら、１０００品以上の数を販売しないとこの数字には届きません。いかにＢＵＹＭＡ無在庫販売が効率のよいビジネスなのかご理解いただけると思います。

悩める範囲のことは必ず自分の力で解決できる

僕は、ＢＵＹＭＡ無在庫販売に出会う前に、詐欺のような移動販売のＦＣに加盟してしまい、５００万円以上の借金を抱えてしまいました。

そこから、さらに１００万円以上の借金をしてＢＵＹＭＡ無在庫販売に挑戦するなんて、今思えば大それた挑戦だったのかもしれませんが、確実に言えることは、悩める範囲のことであれば挑戦してみるべきです。

僕の場合ですが、これが1，０００万円を超えるような案件なら、悩みもせず挑戦もなかったと思っています。しかし、このときの僕でも、数百万円単位は十分悩める範囲のことでした。これが自分の力で解決できる範囲の物差しなのだと実際に挑戦してみて学びました。

そもそも、悩みというのは、自分自身が生み出したものですから、それを解決するのも自分自身の力で十分なのです。

一見難しそうだと思えることほど実際にやってみると簡単

第一印象は凄く悪かったのに、実際に付き合ってみると凄くいい奴だったなんて経験が今まであ りませんでしたか？　ＢＵＹＭＡ無在庫販売は、そういうタイプの奴だと思います。

でも、それが参入障壁となり、Amazonせどりのように飽和しない１つの要因だとも言えるので す。

例えば、今からコンビニでバイトするとしたらいかがでしょうか。あのレジの操作を完全にマス ターするのに、僕なら数か月の時間が必要だと自信を持って言えます。それで手にする報酬は、時 給１，０００円ほどです。

それなら、ＢＵＹＭＡ無在庫販売にその数か月をかけることのほうが、圧倒的に大きな結果に繋 がることは言うまでもないことです。

まずは小さなことでも成功事例を積み重ねてみよう！

僕の場合ですが、超健康オタク！　になる前に、長年吸い続けたタバコを卒業しました。卒業と いう言葉を使うのは二度とタバコを吸うことはないという僕の決意でもあります。

「これを吸い終わったらヤメよう」とか、何度も繰り返しましたが、「明日やろうはバカヤロー」

という言葉を聞いた僕は、胸ポケットにタバコとライターを入れたままヤメることを決意して、9年経った今まで1度も吸っていません。何故か、未だに「吸ってしまった」と叫ぶように目を覚ますことはありますが（笑）…。

これが、僕にとっては最初の成功事例でした。

何かを目指したらそれを達成できる大人になれ！

僕が何かを目指すときは、必ず〝最愛の娘〟と約束をします。タバコを卒業したときもそうですが、次に体重MAX95キロの頃に必ず痩せると約束して、30キロも落とすことに成功しました。

誰でも、原動力となるものが必ず存在するかと思います。僕にとっては、それが子供でしたが、同じように感じてくれる人も多いのではないでしょうか？

何かを目指してそれを達成する姿を自分の子供に魅せてあげることを目指してみてください。100メートルを9秒台で走ろうなんて大それた目標でなければ大抵のことは達成できるはずです。

知覚動考↓トモカクウゴコウ

僕自身も最近習ったことですが、知って覚えたなら、次は考える前に動く！　動きながら考えればどうにかなります。動く前に考えると、ロクな思考になりません。

例えば、僕の場合、自分はこんな歳でパソコンも苦手だし、お洒落でもないと自分にできない理由ばかり考えてしまうのです。でも、動いてから考えると、そんな自分ならどうすればできるのか、そのように考えるようになります。

ＢＵＹＭＡ無在庫販売を知り、直営店買付という正しい手法を本書で覚えてくれたなら、次は動く番です。動いてから、自分にできる方法を１つひとつ考えて解決していきましょう！

僕自身や僕のコンサル生のようにＢＵＹＭＡ無在庫販売で稼ぐ人たちが、特別な人間ではないことは本書でご理解いただけたかと思います。

本当に重要なのは、正しい知識を得て行動をするだけです。そんなことを言う僕自身は、46年もかかってしまったわけですが、皆さんにとって本書が行動を起こすキッカケになってくれたのなら幸いでございます。

ご不明な点等ございましたら、遠慮なく特典プレゼント先である「公式LINE」のほうに遠慮なくお問い合わせください。

髙橋　雅（MASASHI）

読者限定プレゼント

特典①　販売価格算出ツール

ＢＵＹＭＡ無在庫販売で適切な販売価格を自動で計算してくれる表をプレゼントします。

使用方法等は明記してありますが、ご不明な点は遠慮なく公式LINEのほうにお声かけください。

※販売価格算出ツールは、お友達登録後に送ります。

特典②　お悩み相談、無料アドバイス

今の状況等を遠慮なくお話しください。１人で悩んでいても、悪い方向に行くことはあっても、よい結論に達することはありません。

また、人生を変えたことがない人に相談をしても同じことです。ドリームキラーという言葉もありますが、そういう人は責任をとってくれることもないのです。

人生大逆転の専門家である僕が、直接アドバイスをさせていただきます。

特典③　アカウント診断

これは、ＢＵＹＭＡ経験者限定になってしまいますが、店舗プロデュースの専門家である僕が、

読者限定プレゼント

添削をさせていただきます。鬼のダメ出しを覚悟してから、お問合せをお願いします！

※アカウント診断ご希望の方は、チャットワークのほうにお願いいたします。

●チャットワーク名→雅 Masashi

●チャットワーク URL　https://www.chatwork.com/rx6000

●ID 検索→ rx6000

※コンサルティングのお申込みも、公式 LINE にて随時受け付けています。

●公式 LINE URL　https://lin.ee/cUvewtg

●ID 検索　@buyma

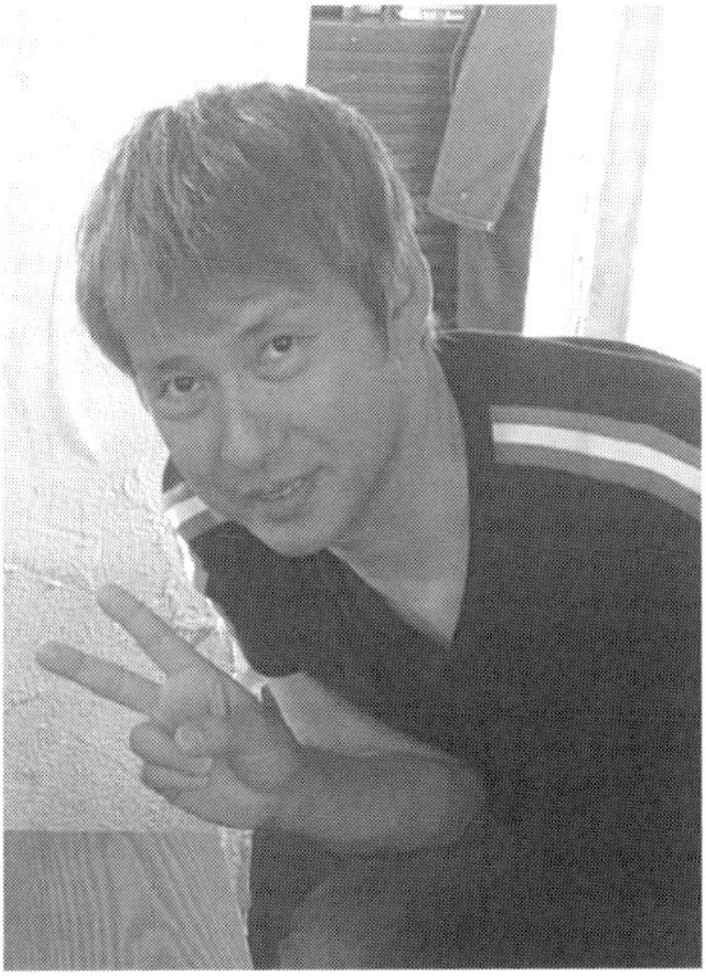

著者略歴

髙橋　雅（たかはし　まさし）

合同会社 雅 MIYABI 代表社員。
2017 年 10 月 BUYMA 無在庫販売スタート。
2018 年 2 月 会社勤務卒業（会社クビ）。
2018 年 3 月 月商 500 万円（利益 100 万円突破）。
2018 年 10 月 BUYMA 高値売りで人生を彩るコンサルティング開始。
2019 年 11 月 合同会社 雅 MIYABI 設立。
サラリーマン時代の 2015 年頃に、可愛い息子のアレルギーを改善するため健康オタクに目覚め、500 万円以上の借金を抱えるも、それを原動力に物販、アフィリエイト、投資系と様々な副業に挑戦。結果、失敗を繰り返し、2017 年 10 月に BUYMA 無在庫販売をスタートしてわずか 6 か月後に月商 500 万円達成。
2018 年 2 月、長年の夢であった独立を果たす。その後、2018 年 9 月から LINE @を利用したメルマガを配信、その読者様たちから BUYMA 無在庫販売で上手くいっていないことを何度も聞いて驚く。そして、BUYMA 無在庫販売でも様々な手法、ノウハウがあることを知り、そんな中で失敗している人も多くいる現実を知る。
“もう「BUYMA 無在庫販売」で失敗する人を見たくない”との想いから、令和の時代に通用する戦略「高値売りコンサルタント」として 2019 年に会社設立、多くのコンサル生の人生を変えることに成功する。

もう「BUYMA無在庫販売」で失敗する人を見たくない
—月商 500 万円への最短距離

2020 年 11 月 5 日 初版発行

著　者　髙橋　雅　© Masashi Takahashi

発行人　森　忠順

発行所　株式会社 セルバ出版
〒 113-0034
東京都文京区湯島 1 丁目 12 番 6 号 高関ビル 5 B
☎ 03（5812）1178　FAX 03（5812）1188
http://www.seluba.co.jp/

発　売　株式会社 三省堂書店／創英社
〒 101-0051
東京都千代田区神田神保町 1 丁目 1 番地
☎ 03（3291）2295　FAX 03（3292）7687

印刷・製本　モリモト印刷株式会社

Printed in JAPAN
ISBN978-4-86367-618-3